AULAS DE EDUCAÇÃO FÍSICA
NO ENSINO MÉDIO

COLABORADORES

Rede estadual de ensino – Professores:
Abílio Cesar Bortoletto, Cláudio Sérgio Guassi, Delci de Fátima da Silva, Edson Sales do Nascimento, Telma Aparecida Estevam, Vera Lúcia Alves Moura e Vania Felipe Paulete.

Universidade – Professores:
Dra. Ana Angélica Freitas Góis, Ms. Denis Terezani, Dra. Eline Porto, Ms. Fábio B. Fiorante, Dr. Ídico Luiz Pellegrinotti, Ms. Leandro Lucentini, Ms. Michele V. Carbinato e Ms. Vilson Tadeu Rocha Pereira.

Acadêmicos:
Carina da Silva de Lara, Luiz Otávio Polis, Rafaela Ramella Gomes, Viviane Lima e Taline Melega Tome.

WAGNER WEY MOREIRA
REGINA SIMÕES
IDA CARNEIRO MARTINS

AULAS DE EDUCAÇÃO FÍSICA NO ENSINO MÉDIO

– Inclui repertório de atividades –

PAPIRUS EDITORA

Capa	Vande Gomide
Foto de capa	Carlino Amaral
Coordenação	Ana Carolina Freitas
Copidesque	Simone Ligabo
Diagramação	DPG Editora
Revisão	Elisângela de Freitas Montemor, Isabel Petronilha Costa e Maria Lúcia A. Maier

Dados Internacionais de Catalogação na Publicação (CIP)
(Câmara Brasileira do Livro, SP, Brasil)

Moreira, Wagner Wey
   Aulas de educação física no ensino médio/Wagner Wey Moreira, Regina Simões, Ida Carneiro Martins. – 2ª ed. – Campinas, SP: Papirus, 2012. – (Coleção Papirus Educação)

Bibliografia.
ISBN 978-85-308-0920-1

1. Educação física 2. Educação física – Estudo e ensino I. Simões, Regina. II. Martins, Ida Carneiro. III. Título. IV. Série.

12-03930   CDD-372.8607

Índice para catálogo sistemático:

1. Educação física escolar: Estudo e ensino   372.8607

8ª Reimpressão – 2018

Exceto no caso de citações, a grafia deste livro está atualizada segundo o Acordo Ortográfico da Língua Portuguesa adotado no Brasil a partir de 2009.

Proibida a reprodução total ou parcial da obra de acordo com a lei 9.610/98. Editora afiliada à Associação Brasileira dos Direitos Reprográficos (ABDR).

DIREITOS RESERVADOS PARA A LÍNGUA PORTUGUESA:
© M.R. Cornacchia Editora Ltda. – EPP – Papirus Editora
R. Barata Ribeiro, 79, sala 316 – CEP 13023-030 – Vila Itapura
Fone/fax: (19) 3790-1300 – Campinas – São Paulo – Brasil
E-mail: editora@papirus.com.br – www.papirus.com.br

Dedicamos este livro aos professores de educação física que militam na docência da disciplina educação física no ensino formal das escolas de educação básica, em reconhecimento às dificuldades de seu trabalho, à dedicação com que enfrentam seus desafios e na esperança de poder contribuir para a sustentação dos conhecimentos da educação física e do esporte como possibilidade de construção de uma vida cidadã.

SUMÁRIO

PREFÁCIO 9
João Batista Freire

INTRODUÇÃO 13

PARTE I: CORPOREIDADE E ESPORTE NO ENSINO MÉDIO 17
1. Educação física no ensino médio 17
2. O fenômeno corporeidade 21
3. O fenômeno esporte 25
4. Educação física e os temas geradores 28

PARTE II: A METODOLOGIA DO PROJETO 31
1. O histórico das mudanças 31
2. A abordagem utilizada 33
3. O universo da pesquisa 34
4. A pesquisa entre os discentes 35

PARTE III: REPERTÓRIO DE ATIVIDADES 47
1. Conhecimento da educação física 47
2. A construção das propostas 49

3. Atividades sugeridas 52
4. Trabalhando com temas 127

CONSIDERAÇÕES FINAIS 139

REFERÊNCIAS BIBLIOGRÁFICAS 141

PREFÁCIO

A degradação do organismo humano, quando submetido a longos períodos de inatividade, prova ser necessário mover-se. A imobilidade produz degeneração, doenças e tristezas dos mais variados tipos. Para realizar a vida, precisamos nos movimentar. Essa é uma condição dos humanos, mas não só dos humanos. Temos um desenho corporal que sinaliza a motricidade e, mais particularmente, a locomoção. Aos homens não é dada a faculdade de nascer, crescer e morrer no mesmo lugar, como as árvores e os fungos. Os humanos precisam deslocar-se, considerando que não vêm a eles o alimento, a reprodução e o abrigo. Assim, a realização da vida, no caso dos seres humanos, exige o esforço de mover-se, quer segmentariamente, quer transportando-se de um lugar a outro. A presença humana no planeta Terra, portanto, manifesta-se como todas as outras presenças vivas, isto é, corporificada, materializada, a fim de atender às condições específicas da natureza. Só sendo corpo é possível estar na Terra. É preciso considerar, porém, as características de cada presença viva corporificada, entendendo por corpo o conjunto complexo de possibilidades de vida que marca a existência de um ser. A corporeidade é, consequentemente, uma condição existencial dos seres vivos no mundo que conhecemos. No caso dos humanos, ela supõe a motricidade, sua possibilidade ética (creio que podemos dizer assim) de preservação e realização da vida.

Esses humanos, na sua originalidade entre os seres vivos, possuem alguns atributos particulares que os distinguem de outros seres. Chama a atenção, especialmente, sua capacidade de imaginar. Ao contrário das outras produções humanas promovidas por órgãos especializados, tais como bílis, sangue e lágrimas, absolutamente palpáveis, a imaginação produz aquilo que só seu produtor pode perceber; as demais pessoas só saberão dos produtos quando ele os comunicar. Da imaginação saem as imagens, configurações formadas a partir do que captam os sentidos, nada que possamos constatar materialmente. E essa imaginação, ao longo de milhares e milhares de anos de existência humana, fez um esforço especial para ampliar os poderes extremamente precários de realização de esforços físicos. O que são os seres humanos, do ponto de vista motor, comparativamente aos outros animais? No entanto, essa fantástica usina de criações que convencionamos chamar de imaginação multiplicou incomensuravelmente as possibilidades de produção do organismo humano. E essa excepcional capacidade humana de imaginar denuncia, de um lado, nossa fragilidade – constitui a especialidade que pode compensar a incapacidade do organismo humano em suas necessidades de se adaptar ao mundo e realizar a vida. De outro lado, a imaginação denuncia a necessidade de termos de aprender para viver, ao contrário dos outros animais. Não nascemos sabendo, não somos guiados pelos instintos. Se nascemos com eles, são substituídos largamente pela cultura produzida por nossas experiências de aprendizagens. Não nascemos dotados sequer de coordenação motora, exceto os reflexos, suficientes para produzir atitudes inteligentes. Cada coordenação, a partir do nascimento, é construída como resultado de interações com o meio ambiente, todas no sentido de solucionar problemas de adaptação. Lembro, nesse caso, que as primeiras aprendizagens são fruto de uma relação direta de necessidade, entre o querer pegar algo e a satisfação desse querer, por exemplo, entre o querer mamar e a realização do desejo de saciar a fome, e assim por diante. Destaco que são boas aprendizagens, geralmente muito bem-sucedidas, o que nem sempre ocorre, anos adiante, quando a educação torna-se artificial, transforma-se num conjunto planejado de ações para ensinar determinados conteúdos. Talvez devamos refletir sobre a hipótese de que a educação formal desconsidera, com frequência exagerada, as aprendizagens que ocorrem no começo da vida, como, por exemplo, a relação das crianças com suas mães; e, nesse ponto, acredito que a mãe é a principal educadora de cada um de nós.

Creio ser possível dizer que o destino do homem lhe reserva algumas condenações, tais como ser livre e ter de aprender algo a cada novidade. Assim como a velocidade do guepardo define sua sobrevivência, o modo de usar a imaginação para aprender define a vida do ser humano. Durante algum tempo, os primeiros dois anos de vida, aproximadamente, não é a imaginação que define as aprendizagens, mas uma estreita relação corporal com as coisas e o amparo familiar. A partir do momento, porém, em que a imaginação passa a predominar entre os atributos humanos, as aprendizagens sofrem fortíssimas interferências dos sistemas artificiais de educação, especialmente a escola, o mais importante sistema formal de ensino. Na escola, como todos sabemos, a educação recorre a saberes especializados, disciplinados, no mais das vezes, oriundos de conhecimentos científicos.

Enfim, considerando tudo o que foi dito anteriormente, educa-se para a vida, uma vez que nossa tarefa é aprender a viver. Ou seja, qualquer que seja a disciplina escolar, o objetivo maior de todas elas é ensinar a viver. Supõe-se que aprendendo matemática o aluno obterá melhores recursos para viver. O mesmo se pode dizer do português, da geografia ou da educação física. Cada disciplina, de sua parte, participa da educação para a vida com sua cultura própria.

No caso da educação física, ela teria um papel decisivo na formação dos seres humanos, uma vez que educaria todos para viver corporalmente, para desenvolver aquilo que chamamos de corporeidade, isto é, o atributo que permite ao ser humano estar no mundo. Assim como qualquer outra disciplina escolar, a educação física precisa definir seus conteúdos. No caso deste livro, os autores optaram pelo esporte. Deram a ele não o conceito reduzido que habitualmente tem; ao contrário, ampliaram-no, de forma que, antes de ser excludente, integra todos num projeto educacional. Nas palavras dos autores:

> Nota-se nossa empreitada para ressignificar o conceito de esporte, missão primeira do professor de educação física no ensino médio, ambiente mais que adequado para fomentar esse tipo de reflexão. Passo seguinte a essa ressignificação é a vivência do esporte como possibilidade da busca da cidadania, contribuindo na construção de uma ética humana.
> Para o entendimento claro do que denominamos esporte, lembramos que consideramos prática esportiva uma atividade física ou um exercício realizado com intencionalidade, em que haja regularidade e controle da atividade. Dessa forma, esporte é um conceito muito mais amplo que participar de uma modalidade esportiva. Assim, são esportistas o ser que dança, que luta, que executa movimentos ginásticos com regularidade, com controle e de forma livre e consciente, bem como as pessoas que andam ou correm diariamente, por livre iniciativa e com controle dessas atividades.

Creio que, para um trabalho dirigido ao ensino médio, foi uma boa escolha. O esporte talvez seja o jogo na sua manifestação mais socializada, o jogo que mais exige um entendimento formal, uma visão formalizada e virtual das coisas. O esporte é um projeto de futuro e alinha-se a um projeto de vida. Fazer as coisas por esporte permite ao ator a folga, o suspiro, o hiato livre de pressões que dá espaço às criações. O esporte é, por sua natureza, um tema gerador e um veículo educacional excepcional, não só por aquilo que ele contém em si mesmo, como por aquilo a que ele pode conduzir.

João Batista Freire

INTRODUÇÃO

As teorias educacionais, de forma geral, valorizam o trabalho coletivo, considerando-o um dos pressupostos para uma aprendizagem cidadã. O presente livro é fruto de dois projetos que se desenvolveram nessa vertente, durante quatro anos, num trabalho que contou com a participação de professores universitários, professores da rede oficial de ensino do estado de São Paulo, alunos do curso de graduação em educação física e de escolas do ensino médio, todos com suas histórias de vida ligadas à cidade de Piracicaba, no estado de São Paulo, e à Universidade Metodista de Piracicaba (Unimep), reunidos em torno de uma pesquisa educação-ensino financiada pela Fundação de Amparo à Pesquisa do Estado de São Paulo (Fapesp).

O trabalho coletivo – possível, como comprova este escrito –, foi prazeroso nos contatos e nas trocas de experiências ocorridas quinzenalmente para análise e discussão de aspectos teóricos relativos à temática do projeto e para vivenciar os *workshops* criados pelos professores da universidade e da rede de ensino com os acadêmicos bolsistas do projeto, acrescidos das idas às escolas para a realização da pesquisa entre os alunos do ensino médio. O prazer pode ser constatado porque, no decorrer do período, poucas foram as vezes em que os componentes faltaram, garantindo aos encontros a energia necessária para o longo trabalho de dois anos.

Textos foram lidos, oficinas executadas e experiências práticas testadas. Enfim, houve reuniões de subgrupos para a construção do repertório que, por sua vez, passou pela avaliação do grande grupo com o objetivo de dotá-lo de um padrão a ser colocado à disposição dos professores de educação física que militam no ensino médio.

E por que a preocupação com o ensino médio? É fato que existe, na atualidade, uma vasta bibliografia a respeito da educação física escolar, bem como uma produção de dissertações e teses em programas de mestrado e doutorado na área, à disposição da comunidade. No entanto, essa produção se torna restrita quando o alvo é o ensino médio, deixando os professores desse ciclo de escolarização com dificuldades de encontrar um rumo para o desenvolvimento desse componente curricular.

No contexto de um trabalho coletivo, de uma troca de experiências, de um contato efetivo entre formação e atuação profissional, de sugerir um exemplo e não um modelo a ser incrementado como possível componente curricular – educação física no ensino médio –, o presente livro se inscreve, estruturado em três grandes partes.

Na primeira parte, "Corporeidade e esporte no ensino médio", apresentamos as justificativas de optarmos por eleger os temas corporeidade e esporte como estruturantes para a educação física no ensino médio. Corpo e esporte são fenômenos complexos que necessitam ser entendidos e vivenciados para a busca de autonomia, em todos os sentidos, daí a importância da associação desses assuntos com temas geradores que sejam relevantes aos jovens em sua realidade existencial.

Na segunda parte, denominada "A metodologia do projeto", é relatada a vivência dos sujeitos nos projetos em toda a sua trajetória, isto é, os contatos iniciais, os encontros, as alterações de rota, inclusive justificando a escolha da metodologia de pesquisação, a produção das propostas, a pesquisa entre os alunos do ensino médio, o experimentar coletivo das atividades constante desta obra.

Na terceira parte, intitulada "Repertório de atividades", sugerimos ações a serem aplicadas aos três anos do ensino médio, não como novidade, mesmo porque os conhecimentos específicos da educação física não devem ser alterados por serem importantes e muito bons, mas apenas colocando valores e princípios que devem gerir a ação docente, ação solicitada em grande parte pelo interesse dos discentes verificado durante a pesquisa realizada. No repertório de atividades, partimos, como pressuposto básico, dos conhecimentos específicos da educação física (jogos, esportes, lutas, ginásticas, danças), descritos na forma de aulas, com seus objetivos, com sua estratégia de desenvolvimento, com o material necessário para o desenvolvimento delas, inter-relacionados aos temas escolhidos pelos alunos do ensino médio.

Todos os envolvidos nesses projetos têm a clareza de que a proposta aqui apresentada é uma das possibilidades de trabalho com o ensino médio e não a única opção. Por sinal, a metodologia utilizada exigia uma atitude de respeito à pluralidade do pensar e do agir, considerada condição primeira para o saber ouvir, analisar e decidir.

É importante ainda salientar, por último, a participação fundamental da Fapesp para o desenvolvimento dos projetos. Sem o apoio dessa fundação, esta pesquisa não seria possível. Também aqui se faz uma menção importante. Normalmente pesquisas são realizadas, e suas conclusões são disseminadas por meio de artigos em revistas especializadas da área. Nossa opção por divulgar o trabalho em livro, além evidentemente do volume de informações, deve-se à constatação de que a grande maioria dos professores de educação física não tem acesso a revistas especializadas, digitais ou impressas.

É posição do grupo participante dos projetos que o livro seria a forma mais direta de comunicação com os docentes da rede, o que esperamos acontecer. A proposição está feita e, como sempre, sua aplicação deve levar em consideração uma frase pequena, mas muito significativa para a ação dos professores de educação física no ensino médio, de Merleau-Ponty: "A máquina funciona; o corpo vive". Que sempre respeitemos a corporeidade dos alunos nas aulas de educação física como aquela que busca a transcendência ou a superação mediada pelo sentido humano do existir.

PARTE I
CORPOREIDADE E ESPORTE NO ENSINO MÉDIO

Os fenômenos corporeidade e esporte são complexos e, quando associados, exigem de nós um tratamento que satisfaça o entendimento dessa complexidade. Então, trazer isso para o contexto do componente curricular educação física, desenvolvido no ensino médio, requer cuidados especiais para não tornar essa iniciativa mais uma proposta teórica que não terá chances de ser vivenciada no dia a dia dos alunos e dos professores desse grau de escolarização.

Não se propõe a elaboração de uma episteme sobre corporeidade e sobre esporte, empreitada necessária, mas não para o caso em questão. Trata-se, sim, de apresentar argumentos para um ressignificar do entendimento de corpo e de esporte que impera em nosso imaginário social, ressignificação que possa ser entendida no contexto do ensino médio.

1. Educação física no ensino médio

Após muito tempo, o ensino médio parece estar nas preocupações das autoridades educacionais do país, no sentido de promover mudanças e transformações que propiciem um desenvolvimento qualitativo do aluno. Isto é o que nos informa Mitrulis (2002, p. 218): "O ensino médio ocupa lugar de destaque, entre os diferentes níveis de ensino, quando se considera o conjunto de transformações pelas quais vem passando recentemente o sistema educacional do país".

Tais transformações ainda parecem ser muito tímidas, diante dos enormes problemas enfrentados pelo ensino médio. Há nele questões complexas e variadas, que não foram resolvidas e que dizem respeito a mudanças em âmbitos políticos, sociais e econômicos, para a expansão e melhoria dele (Krawczyk 2003).

Atentando para os documentos legais e legítimos, vemos que o ensino médio deve proporcionar uma formação educacional digna e de qualidade aos educandos, uma formação que, além dos conteúdos próprios, promova o desenvolvimento de uma postura crítica e autônoma ante os embates da vida, postura fundamental para o exercício da cidadania. Ou melhor, como aliás propugna a própria Lei de Diretrizes e Bases da Educação Nacional (LDB): "O aprimoramento do educando como pessoa humana, incluindo a formação ética e o desenvolvimento de autonomia intelectual e do pensamento crítico". Apenas um ser dotado de autonomia de pensamentos pode dar opinião a respeito das situações adversas que ocorrem na sociedade e na vida, além de questioná-las, discuti-las e debatê-las. Somente um indivíduo capacitado intelectualmente tem condições de não ser alienado, política e socialmente, portador de informações irreais ou facciosas. O ensino médio, como parte da educação básica do cidadão, não pode se eximir dessas responsabilidades.

Historicamente, no Brasil, essa fase de escolarização se dividia entre dois objetivos principais, o que, de certa forma, permanece até hoje: preparar para o vestibular e a entrada no ensino superior, por um lado, e preparar para a profissionalização e a ocupação do mercado de trabalho, por outro. Em ambos os casos, há trabalhos demonstrando os problemas para alcançar esses objetivos, pois os destinatários dessa demanda, universidade e mercado de trabalho, têm queixas comuns: alunos que não sabem raciocinar, escrever, não concebendo operações lógicas; profissionais desqualificados para o exercício de profissões; massa humana sem criatividade para solucionar problemas. Tudo isso sem considerarmos que, em ambos os casos, a formação se processava e ainda se processa de forma acrítica.

Mesmo levando em conta o momento atual, no qual se pensa em profundas mudanças para o ingresso no ensino superior, continuamos, no ensino médio, à mercê dessa formação utilitarista, pois,

> (...) a prioridade dada a esse tipo de preparação acaba fazendo com que o conteúdo trabalhado seja somente aquele que é exigido para o sucesso dos alunos no processo seletivo de ingresso na educação superior, o que também pode reduzir o caráter mais humanístico e crítico dos conhecimentos ministrados, já que esses têm que se adequar ao formato e ao programa dos testes de vestibulares. (Abramovay e Castro 2003, p. 171)

O quadro não se altera muito no que diz respeito ao ensino profissionalizante, como nos mostra Mitrulis (2002, p. 219):

> Nem o ensino médio propedêutico aos estudos superiores, em regra de currículo enciclopédico, recheado de conhecimentos poucos significativos, caracterizados por uma rala aderência à experiência dos alunos e aos desafios sociais, nem o ensino médio profissionalizante, estritamente voltado para o exercício de ocupações específicas no mercado de trabalho, respondem às expectativas atuais.

Se, por um lado, identificamos os problemas do ensino médio, no que diz respeito a sua coerência interna, por outro, devemos lembrar que o aluno do ensino médio está em uma fase da vida de grandes transformações, decisões e de muitas incertezas, fato esse agravado pela diversidade sociocultural e socioeconômica desses jovens. A escola tem que estar atenta a isso, se a preocupação maior é o ato educativo.

Uma das formas criadas para tentar atender à demanda dos jovens no ensino médio é a implantação dos temas transversais, presentes nos Parâmetros Curriculares Nacionais (PCNs) do ensino fundamental, na expectativa de trazer para dentro da escola a realidade social. Esses temas não são fixos, cada escola pode e deve buscar as questões mais importantes para a sua realidade e a de seus alunos, bem como encontrar um entendimento dessas realidades e discuti-las em conjunto. Isso pode ser um bom caminho para se conseguir a associação de interesses entre educando, professor e escola. No entanto, a realidade desse projeto, até mesmo pela opção metodológica adotada e pela inexistência de temas transversais para o ensino médio, indicou o caminho para se trabalhar com temas geradores, recolhidos diretamente com a pesquisa discente.

A educação física, contemplada no artigo 26 da Lei de Diretrizes e Bases da Educação Nacional (LDB), como componente curricular e "integrada à proposta da escola", pode participar desse projeto interdisciplinar e transdisciplinar, realizando planejamento conjunto com outras disciplinas, sempre na expectativa de contribuir para a formação autônoma de seu aluno. Aliás, essa seria uma forma de reverter o quadro atual das aulas de educação física no ensino médio, pois estas passariam a ter maior significado aos alunos (Darido 2001).

Esse planejamento integrado deve ser feito de maneira participativa, envolvendo alunos, professores, coordenação pedagógica, representantes da sociedade civil e outros, no sentido do trabalho para a construção de um projeto político-pedagógico que dê conta de alcançar seus objetivos, centrados estes em valores como ética, visão crítica, abordagem humana e competência profissional.

Apenas como um exemplo de um passo a frente, os Parâmetros Curriculares Nacionais (PCNs) da educação física no ensino médio sugerem um planejamento inclusivo para esse componente curricular, trabalhando de forma renovada, com o objetivo de superar a mera repetição das atividades do ensino fundamental, agora novamente trabalhadas no ensino médio, ou mesmo centrado nas meras práticas de treinamento de aptidões físicas.

Daí nossa razão de propor uma forma de trabalho para a educação física no ensino médio que valorize os fenômenos corporeidade e esporte, assentados nos pressupostos da estrutura de temas geradores, como possível opção de trabalho aos professores de educação física nesse grau de escolarização. Claro está que para isso devemos especificar quais valores estão atrelados aos sentidos de corporeidade e esporte, o que descrevemos nos itens seguintes.

2. O fenômeno corporeidade

Por que é importante, na escola, abrir espaço para a discussão da corporeidade? A resposta a essa pergunta deve justificar o porquê da escolha de colocarmos esse ponto como uma das estruturas básicas para a ação e a reflexão da educação física no ensino médio.

Gonçalves (1999) mostra que o corpo, no processo de civilização, desde as sociedades mais primitivas até a sociedade moderna, vai progressivamente perdendo a importância no processo de comunicação. Se, nas sociedades primitivas, o ser humano, para sua sobrevivência, dependia diretamente da acuidade de seus sentidos, da agilidade de seus movimentos, da rapidez de suas reações corporais, nas sociedades mais estruturadas, esses sentidos são depreciados, aumentando a instrumentalização do corpo e diminuindo a espontaneidade e a expressividade corporal.

Em especial, a civilização ocidental desenvolve uma "descorporalização" do ser humano. Melhor dizendo, nas palavras de Gonçalves (1999, p. 17):

> Descorporalização significa, por um lado, que, ao longo do processo de civilização, em uma evolução contínua da racionalização, o homem foi tornando-se, progressivamente, o mais independente possível da comunicação empática do seu corpo com o mundo, reduzindo sua capacidade de percepção sensorial e aprendendo, simultaneamente, a controlar seus afetos, transformando a livre manifestação de seus sentimentos em expressões de gestos formalizados.

Se associarmos o contexto da sociedade industrializada e a educação física, é possível identificar, no que diz respeito ao movimento, um objeto de nosso estudo e de nosso conhecimento, o porquê de a área enfocar, predominantemente, o esporte em seu sentido de exacerbação da competitividade. Ou ainda, recorrendo mais uma vez a Gonçalves (1999, p. 17), vemos o seguinte:

> Acompanhando o processo de civilização, crescem o planejamento e o cálculo, incompatíveis com espontaneidade e ações imediatas a impulsos. (...) Os movimentos corporais tornaram-se instrumentalizados, como se pode observar, por exemplo, na indústria, ao dissociar os movimentos corporais em partes isoladas para aumentar a produção. O mesmo acontece no esporte institucionalizado, no qual persistem as idéias de uma ilimitada manipulação e aperfeiçoamento do corpo e de uma quantificação das capacidades corporais.

Como consequência, diz a autora, temos um corpo que, antes vivo, participante do ato criador de transformar a natureza, torna-se mecanizado, com tarefas automatizadas a cumprir, corpo deformado pela mecanização e pelas condições precárias de realização de movimentos.

Olhando para a prática valorizada no esporte, identifica-se também esse quadro, no qual corpos são deformados para cumprir funções táticas e técnicas, explorados até a exaustão e, após o declínio do rendimento, descartados. Se o quadro hegemônico é esse, não significa que o problema está nos fenômenos corpo e esporte, e sim nos valores que socialmente lhes atribuímos. Daí a necessidade de a educação física escolar, no desenvolvimento de seus conteúdos, enfatizar a ressignificação do corpo e da prática esportiva. E isso é possível.

Colocar a corporeidade como um dos fundamentos da educação física no ensino médio, associada ao esporte, significa poder contribuir, por meio da educação formalizada, para responder às preocupações de Kolyniak Filho (2007), quando nos alerta: Qual a necessidade de exercícios motores sistemáticos para diferentes pessoas? Por que valorizar apenas os vencedores na prática esportiva? Por que, quase sempre, as pessoas não se consideram hábeis para a execução de atividades como jogar e dançar?

Quais os padrões estéticos valorizados em relação ao corpo que estão presentes nos meios de comunicação? Como se manifestam o respeito, a solidariedade, a amizade, o amor, ou também a violência, a opressão, o desrespeito, nas relações sociais concretizadas com a intermediação do corpo?

A corporeidade, para ser entendida, requer mudança de valores, levando-nos a desconfiar do real ensinado hoje na escola. É necessária uma educação para saber ver, saber perceber, saber conceber e saber pensar. Temos que desmistificar o real escolarizado, aquele que ainda parece fator de segurança, pois é verificável e centra-se na racionalidade. Para isso, lembramos Morin (1986, p. 88):

> Um antigo real, que acreditávamos seguro, verificável, racional, está agonizando. De fato, ele continha sonho, era alucinatório e histérico, (...) Precisamos começar descobrindo que a idéia está doente, que o pensamento está doente, que o real está doente. (...) Podemos, portanto, partir dessa primeira conscientização e começar a caminhada sem medo de tudo reconsiderar a fundo.

Desmistificar o real escolarizado, por meio do componente curricular educação física, é reconhecer que o corpo só existe graças às dádivas, dívidas e dúvidas, como expressa Lima Junior (2007), que grassam no dia a dia da vida, em suas tensões de conquistas e perdas.

A educação física no ensino médio deve, no que diz respeito à corporeidade, apresentar como o corpo tem sido visto e tratado na história ocidental, desde a Grécia clássica até hoje, mostrando que a materialização do conceito de corporeidade pode ser uma forma de resistência à cultura do hiperconsumo, à imposição de uma estética pasteurizada, ao narcisismo sem limites, adentrando a uma forma de ser-no-mundo, pelo exercício de uma vida autônoma, crítica e criativa (Gallo 2006).

A sociedade moderna centra sua leitura de mundo na perspectiva do iluminismo, em que a mais-valia se baseia nas relações de causa e efeito. Isso implica uma educação do corpo dirigida para os aspectos cognitivos, valorizando a mente e as abstrações necessárias para os manejos simbólicos, como afirma Inforsato (2006), na construção de um corpo-cabeça, corpo esse submetido ao domínio de técnicas derivadas da ciência. Soma-se a isso, na modernidade, seu caráter funcionalista, e vemos a hierarquia institucionalizada: os seres mais preparados são os que acumulam saberes eruditos; os que ocupam postos intermediários se destacam pelo saber técnico-científico; os postos inferiores destinam-se aos corpos que executam os trabalhos.

Em outras palavras, ainda nos dizeres de Inforsato (2006): em primeiro lugar, o *homo sapiens*; em segundo, o *homo faber*, permanecendo o *homo demens* e o *homo ludens* na penumbra, numa clara manifestação de que o pensamento é a essência que precede a existência. A mente pensante é que comanda o corpo, instrumento subalterno a ela.

Para a propagação dessa forma de ver e de aceitar o mundo, temos a escola, que, ao trabalhar o corpo, valoriza partes deste e não sua totalidade.

> Na escola, o corpo se resumia aos olhos, para decodificar os sinais da linguagem escrita impressa no quadro-negro e nos textos; às mãos, para reproduzir a leitura decodificada; e ao cérebro, para ordenar e memorizar as etapas, os conceitos e as operações exigidos por essa forma de socialização. Para isso o corpo deveria ficar por períodos inteiros acondicionado em fileiras, separado em carteiras, em ambientes compartimentados, junto com outros tantos corpos seguindo os comandos de professores que estavam legitimados pelo Estado para transmitir os conhecimentos, os conteúdos que, na maioria das vezes, estavam muito além das exigências ordinárias da vida social em curso. (Inforsato 2006, pp. 101-102)

Analisar, discutir, refletir, vivenciar o fenômeno corporeidade, no ensino médio, por meio da educação física, é contribuir para o entendimento de um corpo que pensa, que se relaciona com outros corpos, que sustenta projetos individuais e coletivos, que tem sonhos, sentimentos, razão, e que busca a vivência concreta da cidadania. E isso é corporeidade, razão de colocá-la como objeto de estudo pelos conhecimentos específicos da educação física.

Está na hora de nos apropriarmos do alerta de Merleau-Ponty (1994, p. 14) e de o divulgarmos, por intermédio da educação física a ser aprendida na escola: "O mundo é não aquilo que eu penso, mas aquilo que eu vivo; eu estou aberto ao mundo, comunico-me indubitavelmente com ele, mas não o possuo, ele é inesgotável".

Moreira *et al.* (2006) nos mostram que corporeidade aprendente deve reconhecer que todo desenvolvimento verdadeiramente humano significa, antes de tudo, o desenvolvimento conjunto das autonomias individuais, das participações comunitárias e do sentimento de pertencer à espécie humana. Apoiados nas ideias de Morin (2000), os mesmos autores lembram que a corporeidade aprendente, neste novo século, deve abandonar o conceito unilateral que define o ser humano pela racionalidade, pela técnica, pelas atividades utilitárias e pelas necessidades obrigatórias. É necessário que se vejam, no ser humano, suas características antagonistas, como sábio e louco, trabalhador e lúdico, empírico e imaginário, econômico e consumista, prosaico e poeta.

3. O fenômeno esporte

Tal qual o fenômeno corporeidade, o esporte apresenta a história de um entendimento paralelo aos valores que caracterizam o trato com o corpo. Daí a necessidade imperiosa de também ressignificar o entendimento desse fenômeno, o que pode ser missão da educação física no ensino médio.

Nossos argumentos sobre uma proposta conceitual de esporte, num sentido plural, vêm estruturados na argumentação de Jorge Olímpio Bento, em vários de seus escritos. Um primeiro entendimento dessa trilha pode ser pinçado em suas palavras: "Entendo o desporto como um conjunto de tecnologias corporais, sendo o uso destas balizado por razões e padrões culturais e por intencionalidades, metas e valores sociais" (Bento 2006, p. 155).

A educação física escolar, em todos os níveis de escolarização, sempre esteve atrelada à prática esportiva, sendo esta o conteúdo mais desenvolvido nessa disciplina curricular ao longo do tempo. Mais ainda, até o momento presente, o que se vê são projetos governamentais de implantação na escola de uma proposta de esporte que, de um lado, visa forjar campeões, e, de outro, essa mais adequada, de propor a participação de projetos de iniciação esportiva a todos os discentes. Apesar desse esforço governamental em todos os níveis, desde a federação, passando por estados e municípios, o quadro permanece inalterado e os projetos não são efetivados.

Possivelmente um dos problemas da não transformação dos projetos em ações presentes no dia a dia da educação física na escola esteja no fato de eles não partirem da preocupação com a estruturação do gesto esportivo, criando um hiato entre o alto rendimento e a iniciação/massificação esportiva, missão precípua da escola e da educação física escolar.

Agindo assim, a educação física escolar fere princípios básicos da utilização do esporte como componente para a educação cidadã, no momento em que a vivência esportiva não é utilizada para o aprimoramento corporal, gestual e comportamental do ser humano. O passo seguinte é a utilização da técnica presente na prática esportiva como um fim em si mesma, num sentido mecânico de repetições intermináveis na busca de um movimento perfeito. O problema é da técnica? Não, o que se questiona é o valor que atribuímos ao movimento técnico no esporte, e isso é que necessita ser alterado.

Mais uma vez recorrendo a Bento (2006), lembramos que é a técnica que precede e possibilita a criatividade e a inovação, características importantes para se alcançar o viver cidadão. Já se imaginou que, na utilização da técnica, presente nas práticas esportivas, o professor de educação física possa passar aos discentes conceitos como:

> A criatividade será uma espécie de estado de graça, de harmonia e perfeição, um sopro de inspiração que responde a uma ordem e a uma voz que vêm de dentro, mas que só resulta quando a técnica se instala como uma segunda natureza. Sim, difícil é a técnica; com ela o resto é fácil. A técnica é uma condição acrescida e aumentativa; não serve apenas à eficácia, transporta para a leveza, a elegância e a simplicidade, para a admiração e o espanto, para o engenho e a expressão do encanto. Sem ela não se escrevem poemas, não se compõem melodias, não se executam obras de arte, não se marcam gols, não se conseguem cestas e pontos, não se pode ser bom em nenhum ofício e mister. A arte, a qualidade, o ritmo, a harmonia e a perfeição implicam tecnicidade. Sem técnica não há estética de coisa alguma. E a ética fica deficitária e manca. Enfim, sem técnica

não logramos ser verdadeiramente humanos. Nem no corpo, nem na alma. (*Ibidem*, p. 157)

Talvez o medo do esporte esteja no fato de ele denunciar opostos na natureza humana, pois cada um joga como efetivamente é, no corpo e na alma. "Pelo que no desporto ficam à vista tanto as virtuosidades como as inabilidades, os feitos e os defeitos, as criações e as deformações, o melhor e o pior da condição humana" (*ibidem*, p. 167).

Atualmente são comuns as críticas ao sistema educacional, tachado como permissivo, sem controle, sem processos adequados de avaliação, sem regras que devam ser balizadoras de princípios éticos. Também no âmbito familiar, pais e mães sofrem por não conseguir visualizar padrões de limites a serem impostos na função de educar os filhos. Não poderia o esporte colaborar para a implantação e a incorporação desses princípios?

O esporte, por ser um espaço normativo balizado por regras e exigências éticas e morais na procura da superação, pode contribuir para a alteração de alguns problemas da educação atual, tanto formal quanto informal. Convencemo-nos quando razão e emoção contribuem para nossas ações. O esporte, entre os fenômenos sociais, é aquele que pode fomentar paixão, desejo, trazer preceitos e deveres para dentro de nós, motivando nossas ações. É o esporte colaborando para o ato educativo e não sendo utilizado com sentido meramente utilitarista de rendimento ou de mascaramento da realidade.

> Ora o desporto é valioso por causa do nosso amor e paixão por ele, pelos sentimentos que nos desperta, pelos ideais, princípios e valores que nele investimos e pelas finalidades e funções com que o instrumentalizamos. Ele é um campo da dialética dramática entre paixão e razão. Se esta reprime aquela, a rigidez e o utilitarismo levam a maior; se a paixão eliminar a razão, então passam a vigorar o delírio das pulsões e a cegueira e a animalidade dos instintos. Renovar o desporto à luz da sua configuração para o bom e o bem é fazer dele um projeto ético. Um projeto contra a ignorância e a mediocridade no plano da razão e da competência cognitiva e moral contra o oportunismo, a indiferença, a manipulação e o descaso no plano cívico e social. (Bento 2004, pp. 207-208)

Nota-se nossa empreitada para ressignificar o conceito de esporte, missão primeira do professor de educação física no ensino médio, ambiente mais que adequado para fomentar esse tipo de reflexão. Passo seguinte a essa ressignificação é a vivência do esporte como possibilidade da busca da cidadania, contribuindo na construção de uma ética humana.

Para o entendimento claro do que denominamos esporte, lembramos que consideramos prática esportiva uma atividade física ou um exercício realizado com intencionalidade, em que haja regularidade e controle da atividade. Dessa forma, esporte é um conceito muito mais amplo que participar de uma modalidade esportiva. Assim, são esportistas o ser que dança, que luta, que executa movimentos ginásticos com regularidade, com controle e de forma livre e consciente, bem como as pessoas que andam ou correm diariamente, por livre iniciativa e com controle dessas atividades.

4. Educação física e os temas geradores

Quando buscamos identificar o sentido de temas geradores relacionados ao componente curricular educação física, por meio de um levantamento bibliográfico, percebemos que o assunto foi pouco abordado em nossa área específica, ou seja, encontramos poucos escritos que apresentassem tal temática. Em especial, destacamos a obra de Freire e Scaglia (2003), que trata da questão, porém para o ensino fundamental. Assim, para aprofundar nossas experiências, nos apoiamos nos estudos de nossa área mais ampla, a educação.

Segundo Freire (1987, p. 50), a identificação dos temas geradores tem início de acordo com a situação presente, existencial e concreta dos sujeitos educandos, ou seja, são estudados com base na realidade a que cada comunidade está vinculada. É necessário buscá-los na realidade do sujeito, na escola, na vida, constituindo-os em conteúdos para a ação educativa, pois é "na realidade mediatizadora, na consciência que dela tenhamos educadores e povo, que vamos buscar o conteúdo programático da educação", senão, de outro modo, propiciamos a manutenção da condição alienante em que vive o educando.

Neste trabalho buscamos identificar o universo temático pelo qual se estabeleceram os temas geradores para as propostas de atividades que construímos coletivamente em reuniões e diálogos com os professores do ensino médio da rede estadual, bem como com seus alunos, em pesquisa pautada na realidade em que viviam, pois:

> O que se pretende investigar, realmente, não são os homens, como se fossem peças anatômicas, mas o seu pensamento-linguagem referido à realidade, os níveis de sua percepção desta realidade, a sua visão do mundo, em que se encontram envolvidos seus "temas geradores". (*Ibidem*)

No entanto, não basta a investigação dos temas com base na realidade existencial dos alunos; também é necessária a reflexão crítica sobre as relações entre os homens e as destes com o mundo. Outra questão a se considerar é que tais temas são relacionados a certa época da sociedade, em determinado contexto histórico-cultural, e isso pode se modificar à medida que se alteram as condições desse contexto. Assim, os temas não são processos descolados do contexto ampliado.

Considerando tais aspectos, é necessário que levemos em conta, em nossa ação educativa, na constituição de nossos planos pedagógicos, aquilo que se apresenta como significativo na vida dos alunos, assim como em nossa vida de professores. Isso é ainda verdade ao depararmos com os temas relacionados ao nosso componente curricular, no caso a educação física, pois relacionados a ela estão vários temas que compõem o universo em que vive o aluno.

Segundo Betti (1993), a educação física não pode ser apenas uma disciplina que proporciona prazer aos alunos; ela precisa ensinar algo e se tornar mais significativa para a vida dos discentes. É preciso unir ao prazer a informação e a reflexão crítica sobre aquilo que se vivencia em nossas aulas, considerando todos os aspectos do educando. Caso contrário, a educação física não se distingue da prática de atividades corporais que acontecem fora da escola e não agrega valor à formação do educando.

Ainda segundo Betti e Zuliani (2002), nas aulas de educação física que ocorrem no recinto escolar, o caráter mercantilista da educação acaba destruindo a autonomia do sujeito, pois tudo está voltado para a lei do mercado. Isso fica mais evidente nas práticas esportivas principalmente, pelo fetiche produzido pelos heróis esportivos e pelo esporte-espetáculo transmitido pelas emissoras de televisão.

> O esporte, as ginásticas, a dança, as artes marciais, as práticas de aptidão física tornam-se, cada vez mais, produtos de consumo (mesmo que apenas como imagens) e objetos de conhecimento e informação amplamente divulgados ao grande público. Jornais, revistas, *videogames*, rádio e televisão difundem idéias sobre a cultura corporal de movimento. Há muitas produções dirigidas ao público adolescente. (Betti e Zuliani 2002, p. 74)

Tais informações, obedecendo à lógica do mercado, oprimem ainda mais aqueles alunos que não têm acesso aos bens de consumo e que acabam por se sentir marginalizados do processo social. Assim, trabalhar com "temas geradores" propicia aos alunos a compreensão crítica da realidade que os cerca e, num processo dialógico, o desenvolvimento da sua autonomia. Ao trazermos a eles conteúdos que lhes sejam significativos e dos quais eles próprios participaram da escolha, a tendência é que tais alunos compreendam o sentido das aulas a serem desenvolvidas, engajando-se e sentindo maior prazer em participar. Desse modo, a investigação com os discentes é essencial para a identificação dos temas mais relevantes a serem abordados.

> Este é um esforço que cabe realizar, não apenas na metodologia da investigação temática que advogamos, mas também na educação problematizadora que defendemos. O esforço de propor aos indivíduos dimensões significativas de sua realidade, cuja análise crítica lhes possibilite reconhecer a interação de suas partes. (*Ibidem*, p. 55)

Verificamos que trabalhar com os temas geradores é essencial para que assuntos relevantes aos alunos sejam abordados nas aulas de educação física, permitindo o entendimento do que foi apresentado e a compreensão da realidade que os cerca, assim como a ampliação de seu universo cultural, propiciando o desenvolvimento de sua autonomia.

PARTE II
A METODOLOGIA DO PROJETO

1. O histórico das mudanças

Este livro nasce de um projeto de pesquisa apoiado pela Fapesp, desenvolvido desde 2006. O objetivo era identificar as possibilidades de um trabalho transversal sobre corporeidade e meio ambiente, com base no componente curricular educação física, utilizando-se da metodologia de análise dos discursos dos professores dessa área, os quais ministravam aulas no ensino médio.

Para o desenvolvimento desse projeto, especialmente, de sua pesquisa de campo, conversamos com a diretoria de ensino da região de Piracicaba, no estado de São Paulo, na figura de seu diretor e da coordenadora da área de educação física, a fim de explicitá-lo e solicitar-lhes a permissão para entrar em contato com as escolas públicas da região e seus respectivos diretores e professores de educação física. Feito isso, o grupo de professores da universidade tomou a decisão de convidar os educadores da rede estadual, que tinham aderido ao projeto, para uma reunião em que este pudesse ser explicitado com maior profundidade.

Essa reunião foi promissora, e, assim, decidimos em conjunto a continuidade do projeto por meio de discussões coletivas. Num primeiro momento, de ação diagnóstica, refletimos sobre as condições de trabalho dos professores em relação aos vários aspectos pertinentes à ação educacional: de instalações, de materiais, de tempo, de remuneração etc. Nos encontros, verificamos que esses professores lutavam, cotidianamente, para o desenvolvimento de sua ação pedagógica, o que não era nada fácil. Assim:

> Ganhando mal, com uma jornada de trabalho extensa, não deixando tempo disponível para a preparação de aula, a correção de trabalhos e a atualização, poucas oportunidades de discussão coletiva para solucionar problemas do cotidiano escolar, como o professor pode desenvolver um trabalho que tenha interesse para ele próprio e para o aluno? (Basso 1998, p. 7)

Talvez, em decorrência da situação vivenciada por tais professores no cotidiano escolar, eles se sentiram motivados a se engajar no projeto e a desenvolvê-lo em conjunto com os professores da universidade. Nesses momentos, uma das primeiras questões apontadas foi a necessidade da criação de um referencial, com propostas de práticas pedagógicas para o desenvolvimento das aulas de educação física que norteassem a ação dos professores do ensino médio. No entanto, tal questão ficou adormecida por algum tempo.

Nosso próximo passo foi a discussão de teorias referentes ao projeto, um momento-chave para a mudança de direção do processo, considerando que a ideia inicial era apresentar aos docentes a possibilidade de um trabalho transversal, concernente à corporeidade e ao meio ambiente, baseado no componente curricular educação física no ensino médio, e refletir sobre esse trabalho.

Os professores da rede estadual de ensino apontaram que não estavam dispostos ao estudo teórico desvinculado de sua ação pedagógica e que o desejo do grupo era partir daquilo que já desenvolviam em suas aulas. Os docentes não queriam receber conhecimentos apenas de forma hierárquica, da universidade para a escola; estavam em busca de uma parceria, de troca de informações. A intenção era trazer a realidade dos professores de educação física escolar para o mundo da universidade, suas possibilidades, dificuldades e vice-versa.

Passamos, então, à outra fase, quando nos propusemos a analisar a coerência das práticas pedagógicas apresentadas pelos professores com o processo educacional para alunos do ensino médio. Essas discussões suscitaram, novamente, a necessidade da construção de um referencial para o desenvolvimento das aulas dos professores nesse ciclo. Acreditamos que, pelo vínculo estabelecido entre o grupo – agora aumentado pela participação de alunos de graduação que eram bolsistas de iniciação científica, alunos do mestrado em educação física, uma professora da rede particular de ensino em acréscimo aos professores da universidade e da rede estadual de ensino –, tal projeto foi abraçado por todos, e nova proposta foi enviada à Fapesp, que a aprovou.

Esse novo projeto teve por objetivo a construção de propostas pedagógicas para o ensino médio, respeitando-se os conteúdos históricos da área de educação física, inter-relacionando-os com temas que pudessem ser discutidos com base nesses conteúdos. O resultado final desse trabalho é o que ora apresentamos como livro, para que outros professores possam compartilhar a nossa experiência.

2. A abordagem utilizada

Essa fase de trabalho do grupo se desenvolveu na metodologia de pesquisação proposta por Contreras (1994). Esse tipo de investigação se caracteriza por uma demanda contínua, num movimento espiral que requer ação, observação, registro, reflexão, nova ação e assim sucessivamente. Parte-se de um problema surgido em nossa prática, que nos incita a compreendê-la e transformá-la pelo aprofundamento de nossa análise, realizando movimentos de idas e vindas na relação dialógica entre teoria e prática, o que nos permite formular novos caminhos para encontrar soluções necessárias.

> Trata-se de recolher evidências que nos permitam estudar o assunto e meditar sobre ele com mais dados. Se partirmos do princípio que já entendemos o problema, pode ser que enviesemos nossa busca de informação para dados que confirmem nossa análise inicial. (*Ibidem*, p. 16; tradução nossa)

Assim, a pesquisação sugere a concomitância, a intercomunicação e a interfecundidade entre a pesquisa e a ação e a ação e a pesquisa, mergulhando na práxis do grupo em estudo, do qual se extraem as perspectivas latentes, o oculto e o não familiar que sustentam as práticas. E as mudanças são negociadas e geridas no coletivo.

Tal tipo de investigação considera a voz do sujeito, sua perspectiva, seu sentido, mas não apenas para registro e posterior interpretação do pesquisador: a voz do sujeito faz parte da tessitura da metodologia da investigação. Nesse caso, a metodologia não se faz por meio das etapas de um método, mas organiza-se pelas situações relevantes que emergem do processo. Daí a ênfase no caráter formativo dessa modalidade de pesquisa, pois o sujeito deve tomar consciência das transformações que vão ocorrendo em si próprio e no processo.

3. *O universo da pesquisa*

Ao primeiro projeto aderiram seis professores, e dois o deixaram quando da mudança de rumo proposta pelo grupo. Nesse momento, partimos em busca de novos elementos, e, após feito o convite, duas novas educadoras se juntaram ao processo. Desse modo, o grupo teve a participação de seis professores da rede estadual de ensino, de seis escolas diferentes, três homens e três mulheres, e uma professora voluntária da rede particular que já era do grupo, todos ministrando aulas para o ensino médio. Realizamos reuniões quinzenais com a equipe: professores da universidade, da rede de ensino, alunos do mestrado e da graduação.

Inicialmente, optamos por oficinas de atividades práticas, em que cada participante quinzenalmente era responsável por apresentar propostas que pudessem ser implementadas para os alunos do ensino médio, e estas eram vivenciadas e analisadas por todos os componentes da equipe. Posteriormente, os professores da rede estadual as trabalhavam com os alunos, trazendo para a discussão os resultados dessa experiência, para que, em conjunto, analisássemos se a proposta era pertinente.

Num debate posterior, porém, os professores do ensino médio, principalmente, perceberam que era de grande importância ouvir seus alunos, identificando, dentre os conteúdos e temas relativos às aulas de educação física, o que desejariam aprender. Considerando as suas respostas, seriam desenvolvidas propostas de atividades.

4. A pesquisa entre os discentes

Em reuniões com todos os participantes, formulamos dois questionários com perguntas fechadas. O primeiro continha 54 opções de escolha de diferentes conteúdos da educação física e o segundo, 28 opções de temas que a eles pudessem ser relacionados, conforme questionário a seguir.

Para responder ao questionário, deveriam ser observadas, entre as opções possíveis, 15 questões relativas ao que mais se desejaria aprender, estabelecendo-se a prioridade de interesse. Determinou-se que o número "1" seria o de maior interesse e assim progressivamente até o número "15", que seria o de menor interesse.

QUESTIONÁRIO

Escola / Idade / Ano (1º/2º/3º) / Sexo (M/F)

Visando aprimorar o oferecimento do programa da disciplina educação física, solicitamos que você responda ao instrumento de pesquisa a seguir. **Escolha e enumere de 1 a 15** as atividades que você mais gostaria que fossem desenvolvidas, **colocando 1 para a de maior interesse e 15 para a de menor interesse.**

OBSERVAÇÃO: Leia primeiro todas as opções para depois iniciar a enumeração.

- Alongamento
- Atletismo
- *Badminton*
- Balé
- Basquetebol
- Beisebol/*softbol*
- Bocha
- Boliche
- Caminhada orientada
- Capoeira
- Caratê
- Ciclismo
- Corrida de aventura
- Dama
- Dança de salão
- Dança do ventre
- Dança folclórica
- *Kung Fu*
- *Lien Ch'i*
- Localizada
- Equilibrismo
- Escalada esportiva
- Expressão corporal
- Frescobol
- Futebol de campo
- Futsal
- Ginástica acrobática
- Ginástica desportiva
- Ginástica geral
- Ginástica rítmica
- Handebol
- Ioga
- *Jazz*
- Jiu-jítsu
- Jogos de mesa
- Jogos recreativos
- Judô
- *Skate*
- *Step*
- *Streetbol*

- Malabarismo
- Malha
- Musculação
- Patins/patinete
- Quimbol
- Relaxamento
- Rúgbi
- *Tae kwon do*
- *Tai chi chuan*
- Tecido
- Tênis de campo
- Tênis de mesa
- Voleibol
- Xadrez

Visando aprimorar o oferecimento do programa da disciplina educação física, solicitamos que você responda ao instrumento de pesquisa a seguir. **Escolha e enumere de 1 a 15** os temas que você mais gostaria que fossem abordados, **colocando 1 para o de maior interesse e 15 para o de menor interesse.**

OBSERVAÇÃO: Leia primeiro todas as opções para depois iniciar a enumeração.

- Alcoolismo/tabagismo
- Anabolizantes
- Aspectos políticos
- Aspectos psicológicos/bulimia/anorexia
- Capacidades físicas e motoras
- Cooperação/competição
- Conscientização corporal
- Cuidados especiais (hipertensão, diabetes, gestação e obesidade)
- Cuidados no treinamento
- Dança e cultura
- *Doping*
- Drogas
- Esportes e meio ambiente
- Ética
- Gênero
- Inclusão
- Intimidação/*bullying*
- Mídia/propaganda e corpo
- Nutrição/suplementos alimentares
- Postura
- Preconceito
- Qualidade de vida
- Respostas do organismo ao exercício físico
- Sexualidade
- Socialização
- Superação
- Torcidas organizadas
- Violência

A opção entre 15 escolhas foi decorrente da observação do relato dos professores para quem seria possível trabalhar adequadamente com cinco conteúdos e temas para cada ano do ensino médio.

Um questionário piloto foi aplicado para alguns alunos do primeiro ano de graduação em educação física, pois no ano anterior teriam cursado o ensino médio. Por isso, estariam mais próximos da idade a ser pesquisada, a fim de verificar se o questionário era de fácil entendimento. Após alguns questionamentos durante as discussões com esses alunos, realizamos alguns ajustes.

Com o instrumento de pesquisa em mãos, entregamos os questionários aos professores de ensino médio para que eles os aplicassem aos alunos. Escolhemos 30% do total de alunos do ciclo, em cada escola participante do projeto, respeitando-se o mesmo percentual para cada ano que compõe esse ciclo de ensino, e os alunos foram escolhidos aleatoriamente.

Foram aplicados 311 questionários, 54 invalidados, obtendo-se o número final de 257 respondidos adequadamente e utilizados para a tabulação final. Em relação aos questionários relativos aos conteúdos, obtivemos os seguintes resultados:

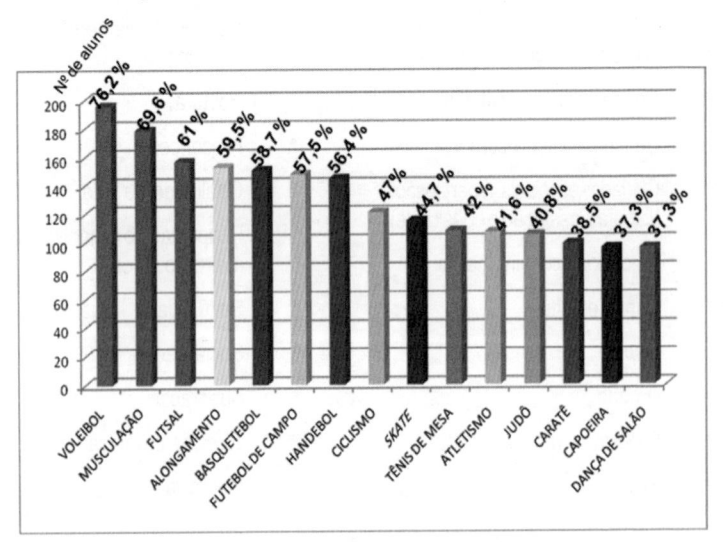

Esses 15 conteúdos são os primeiros que aparecem com maior frequência entre aqueles oferecidos no questionário. O voleibol aparece como conteúdo de maior frequência com 76,2% do total de respostas válidas, na sequência vem a musculação com 69,6%, o futsal com 61%, o alongamento com 59,5%, o basquetebol com 58,7%, o futebol de campo com 57,5%, o handebol com 56,4%, o ciclismo com 47%, o *skate* com 44,7%, o tênis de mesa com 42%, o atletismo com 41,6%, o judô com 40,8%, o caratê com 38,5%, a capoeira com 37,3% e a dança de salão com 37,3%.

Ao analisarmos os resultados obtidos, verificamos que os esportes coletivos estão presentes na maioria das escolhas dos alunos, sendo apontadas cinco modalidades: o voleibol, o futsal, o basquetebol, o futebol de campo e o handebol.

Percebemos nos resultados uma diferença percentual do voleibol, em relação ao segundo conteúdo escolhido, de 6,6%. Tal predomínio pode ser justificado pela supremacia que a modalidade tem conquistado na esfera internacional nos últimos anos e pelo consequente incentivo à sua prática nas aulas de educação física.

Também não nos surpreende o aparecimento do futsal e do futebol de campo, já que tais modalidades estão entre as mais praticadas pelos brasileiros, como esporte ou como jogo, com adaptação de condições e acordos de regras realizadas por aqueles que jogam no campinho, na quadra, na areia ou na rua – a tradicional pelada.

Ampliando as escolhas entre os esportes coletivos, estão o handebol e o basquete, que também são oferecidos comumente nas aulas de educação física. Consequentemente, pelo conhecimento e pela prática, aparecem nas escolhas dos alunos.

Esses resultados são confirmados pelo estudo de Pereira e Silva (2004) quando afirmam que os principais conteúdos da educação física no ensino médio são os esportes de quadra, destacando-se, entre eles, o futsal e o voleibol. Acreditamos que isso decorre, sobretudo, da concepção esportivista que há muito tempo é encontrada em nossa área, desde os cursos de formação até as aulas na escola, reduzindo-se os conteúdos aprendidos a tais modalidades (Rosário e Darido 2005).

Todavia, compreendemos que, assim como aponta o estudo de Paes (2006), esse resultado não é negativo; ao contrário, os esportes coletivos apresentam três aspectos fundamentais no processo educativo: a imprevisibilidade, a criatividade e a complexidade. Esses aspectos são essenciais na formação dos jovens, já que, em sua vida cotidiana, precisam de tais recursos para responder aos desafios que lhes são constantemente colocados.

Outros dois conteúdos apontados logo nos primeiros lugares são relativos às atividades de academia, ou seja, a musculação e o alongamento. Esse resultado parece apresentar a preocupação dos jovens com a estética corporal e, por vezes, com a saúde, aspectos enfatizados nos veículos da mídia, especialmente a televisão e as revistas. O reforço dado a essa condição, numa exposição constante de corpos atraentes, "sarados", faz com que parte da sociedade se lance na busca de uma aparência física idealizada (Russo 2005).

Tal resultado pode estar ainda associado ao fato de os alunos das escolas em que a pesquisa foi realizada nem sempre terem acesso às academias onde são desenvolvidas essas atividades. Assim, as aulas de educação física passam a ser espaço promissor ao seu desenvolvimento.

Dando continuidade à nossa análise, encontramos as lutas, sendo apontados o judô, o caratê e a capoeira. Podemos perceber que os atletas dessas modalidades também têm conquistado melhores resultados em competições internacionais, e, consequentemente, a divulgação tem melhorado, o que pode ter servido de orientação a essas escolhas dos alunos.

Verificamos ainda que tais alunos estão numa fase próxima à vida adulta, razão pela qual tais atividades podem contribuir à afirmação da personalidade, da individualidade e da autonomia. Isso acontece porque os esportes individuais exigem uma melhor preparação psicológica para sua prática, envolvendo aumento da confiança, da perseverança e da segurança, exigindo níveis variados de disciplina que conduzam a comportamentos adequados que permitem uma melhor socialização com grupos distintos (Moreno et al. 2007).

A capoeira amplia tais possibilidades e agrada a ambos os gêneros, pois pode ser utilizada como dança, luta ou jogo. Paim e Pereira (2004) afirmam que os fatores associados à saúde, à amizade e ao lazer são os mais relevantes para os adolescentes que buscam a prática da capoeira no meio escolar.

A identificação de esportes não convencionais na escola, como o ciclismo e o *skate*, pode ser justificada pelo fato de muitos desses alunos já possuírem os equipamentos necessários, o que facilita sua utilização no espaço educacional. Nessas modalidades, nessa faixa etária, a prática deixa de ser atividade de lazer ou brincadeira e se torna atividade que objetiva o alcance de melhores desempenhos (Gonçalves et al. 2007).

O tênis de mesa, também, está entre os 15 primeiros conteúdos escolhidos, o que pode ser decorrente do local onde a pesquisa foi feita, pois a cidade de Piracicaba possui a sede do Projeto Olímpico do Tênis de Mesa Brasileiro. No entanto, pensamos que tal modalidade apresenta boas possibilidades na escola, tanto pelo desenvolvimento de capacidades físicas e habilidades motoras dos alunos, quanto pelas condições físicas e materiais requeridas, que são de fácil adaptação para sua prática.

Outra modalidade identificada foi o atletismo, divulgado especialmente nas corridas de rua e por corredores não oficiais nas ruas e parques das cidades. A inclusão de tal conteúdo no currículo escolar, a nosso ver, traz duas possibilidades de trabalho: a orientação sobre a prática adequada da corrida para melhorar o condicionamento físico e a prática das diferentes provas, pois estas propiciam o desenvolvimento de várias habilidades nos alunos.

Encontramos ainda as atividades relativas às atividades rítmicas e expressivas, tendo sido apontada a dança de salão. Tal opção pode estar associada ao fato de algumas dessas danças estarem relacionadas às práticas sociais vigentes entre os jovens, assim como o forró e as diferentes manifestações do samba. Tais modalidades nos parecem adequadas aos espaços educacionais, já que permitem uma boa preparação corporal, a manifestação expressiva e o favorecimento das relações interpessoais (Zamoner 2007).

Tendo apresentado os dados relativos às respostas dos alunos referentes aos conteúdos da educação física, passamos a mostrar os dados relacionados aos temas de maior interesse para tais alunos. Após a tabulação dos dados, obtivemos as seguintes respostas:

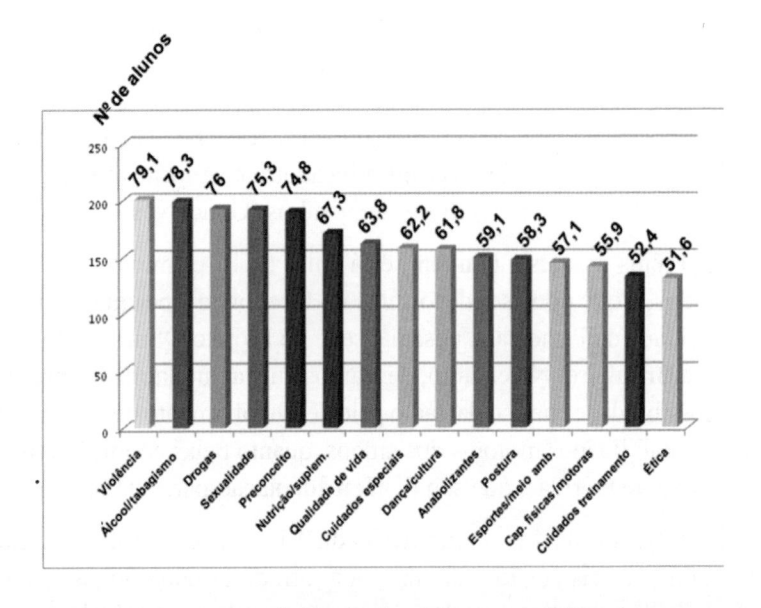

Entre os temas escolhidos pelos alunos, a violência aparece em primeiro lugar com frequência de 79,1% do total de respostas válidas; seguem o alcoolismo e o tabagismo com 78,3%, as drogas com 76%, a sexualidade com 75,3%, o preconceito com 74,8%, a nutrição e os suplementos nutricionais com 67,3%, a qualidade de vida com 63,8%, os cuidados especiais com 62,2%, a dança e a cultura com 61,8%, os anabolizantes com 59,1%, a postura com 58,3%, os esportes e o meio ambiente com 57,1%, as capacidades físicas e motoras com 55,9%, os cuidados no treinamento com 52,4% e a ética com 51,6%.

Os resultados obtidos nessa pesquisa são referentes aos temas pelos quais os alunos apresentaram maior interesse em discutir, pois estão relacionados ao cotidiano sociocultural destes. Segundo Freire (1987), os temas geradores surgem da realidade existencial em que os alunos vivem. Assim, temas como violência, álcool, tabagismo e drogas estão fortemente presentes na vida cotidiana deles, assim como lhes causam preocupação. Esse é o primeiro bloco de temas que passamos a discutir.

No Brasil, na atualidade, a violência alcançou grande dimensão e decorre de uma rede de fatores socioeconômicos, políticos e culturais que se articulam, interagem e se concretizam nas condições de vida de grupos sociais e em áreas específicas (Assis *et al.* 2004).

Entre esses temas, também estão o alcoolismo, o tabagismo e as drogas, relacionados à violência e podendo contribuir para o seu aumento. Sabemos que a adolescência é época propícia para que os jovens tenham contato com essas substâncias, especialmente pelo grupo de seu relacionamento, e que seu uso traz consequências médicas, psicológicas e sociais, podendo ser, para muitos indivíduos, o início da trajetória que conduz à dependência. A adolescência é um período de exposição e vulnerabilidade ao consumo de drogas, ocorrendo frequentemente sua experimentação (Soldera *et al.* 2004; Pratta e Santos 2006).

Carvalho *et al.* (2007) apontam, em uma pesquisa nacional feita com estudantes de nível médio e universitário, que a violência doméstica e a qualidade do relacionamento familiar são importantes fatores relacionados ao uso de drogas, assim como o envolvimento parental ou familiar com consumo de álcool ou drogas, a baixa percepção de apoio paterno e materno, a menor frequência na prática de esportes, entre outros.

A sexualidade, também citada entre os primeiros temas, é uma questão que preocupa bastante os adolescentes na atualidade, pois há uma frequência cada vez maior de gravidez e doenças sexualmente transmissíveis entre eles.

Entre os temas mais escolhidos, aparece também o preconceito, o que pode retratar o fato de que alguns alunos sofrem ou sofreram algum tipo de exposição, relativo às desigualdades raciais, de classe, entre outras, observando-se que as humilhações e as rejeições no ambiente escolar impactam negativamente a capacidade de relação social e o desenvolvimento cognitivo desses alunos (Henriques 2002).

Já num segundo bloco de temas apontados pelos alunos do ensino médio, aparece a relação entre a busca do corpo perfeito e a saúde. O culto ao corpo atlético, presente nas manifestações midiáticas, e a "promessa" de conquistá-lo em pouco tempo se apresentam, também, como temas que os adolescentes gostariam de discutir. Assim, a nutrição, os suplementos nutricionais e os anabolizantes surgem nessa pesquisa entre os 15 primeiros temas selecionados, pois os jovens se preocupam com a beleza corporal, gostam de estar em forma, com corpos "sarados", associando essa ideia com a prática de musculação ou de qualquer tipo de esporte que traga algum benefício estético. Dessa forma, se não tiverem uma boa orientação sobre o uso dessas substâncias, podem optar por utilizá-las, pois será mais rápido o alcance dos seus objetivos, sem saberem, no entanto, dos riscos que elas poderão lhes causar (Tesseroli 2005).

A preocupação com a qualidade de vida também é apontada. Segundo Nahas (2001), nas sociedades contemporâneas, essencialmente nos países industrializados, a inatividade física parece ser fator determinante da redução da qualidade de vida e de morte prematura. Ou seja, a prática adequada de atividades físicas é determinante para a conquista e a manutenção da saúde dos indivíduos.

De acordo com Araújo e Petroski (2002), a obesidade é um problema de saúde pública de grande importância principalmente em crianças e adolescentes em fase escolar, pois dificulta seu processo de crescimento físico e sua aprendizagem. Cabe, então, aos profissionais de educação física diagnosticar esses problemas e intervir, promovendo uma melhor qualidade de vida desses indivíduos.

Dessas questões, deve-se relevar o tema em relação àqueles que necessitam de algum cuidado especial quanto às suas condições de saúde, ou porque são portadores de algum tipo de deficiência, doença crônica etc., observando-se a atenção aos familiares do educando.

A ética, como tema de preocupação dos jovens, também aparece. Acreditamos que tal questão se fundamenta no fato de as escolas se defrontarem no dia a dia com a presença constante de um conjunto de dimensões que fazem parte do campo da formação do sujeito ético: a ordem, a disciplina, as normas, a justiça, o bem, os sentimentos, os afetos, a liberdade, o fazer escolhas, a responsabilidade, o trabalho, a assiduidade, o companheirismo, a amizade, o cuidado, a sociabilidade, os valores, a verdade, as condutas, a felicidade, a culpabilidade, o castigo, a reprovação/aprovação, a consciência, os direitos e deveres (Arroyo 2007).

Incluem-se, entre os 15 temas, os cuidados no treinamento e as capacidades físicas e motoras, o que pode estar associado ao fato de que os professores que fazem parte do grupo de pesquisa desenvolvem, em suas escolas, aulas relativas à constituição de equipes no contexto extracurricular. Desse modo, alguns alunos que responderam aos questionários são participantes desse processo. Tais temas podem ainda estar associados à musculação e ao alongamento, conteúdos também escolhidos pelos alunos.

O tema esporte e meio ambiente, igualmente identificado, está associado à fase e às características da adolescência, quando situações de risco parecem chamar a atenção dos jovens. Assim, os esportes radicais podem estimular o aprendizado do controle do risco. Os esportes de aventura, sobretudo aqueles realizados na natureza, representam mais uma possibilidade de aproximação entre o indivíduo e o meio ambiente, em virtude da interação com os elementos naturais, que desencadeiam atitudes de preservação.

Marinho (2004) enfatiza que a educação física pode, valendo-se da experiência na natureza (longe das quadras, dos ginásios, das piscinas etc.), potencializar estratégias de ação para desenvolver, nos alunos, habilidades motoras, capacidades físicas e, até mesmo, fundamentos esportivos específicos. Tais atividades podem ser utilizadas para atingir uma variedade de objetivos educacionais, possibilitando diferentes níveis de desenvolvimento: coletivo (habilidades cooperativas e de comunicação), pessoal (autoestima), cognitivo (tomadas de decisão e resolução de problemas) e físico (aptidão e desenvolvimento de habilidades motoras).

Postura, tema que ocupa o décimo primeiro lugar entre os escolhidos, também é um fator importante na vida dos adolescentes, pois está associado à conquista da saúde e da qualidade de vida. Detsch *et al.* (2007) apontam que muitas posturas corporais adotadas no dia a dia são inadequadas para as nossas estruturas anatômicas, o que aumenta o estresse total sobre os elementos do corpo, especialmente sobre a coluna vertebral, podendo gerar desconfortos, dores ou incapacidades funcionais, que têm sua origem na infância e na adolescência, com riscos maiores para aqueles que carregam mochilas e para os que não mantêm boa postura ao sentar para assistir à televisão ou utilizar o computador.

Após a realização da análise ao grupo de pesquisa, iniciamos a construção das propostas de atividades, de acordo com os conteúdos e temas sugeridos, de modo que pudessem ser desenvolvidas em aulas de educação física para os alunos do ensino médio, sendo o que apresentamos a seguir.

No entanto, para compreender essas atividades, é importante destacar dois temas que não foram apontados pelos alunos na construção das propostas feitas pelos professores: a *cooperação* e a *competição*. Como esses dois temas apareciam com bastante recorrência e valorização, quando os professores do ensino médio apresentavam suas proposições ao grupo de perquisa, passamos a considerá-los como referentes à *realidade existencial* dos docentes, devendo também ser enfocados no desenvolvimento do trabalho.

Após a apresentação de nossas justificativas, passamos à próxima etapa deste livro.

PARTE III
REPERTÓRIO DE ATIVIDADES

1. Conhecimento da educação física

O presente repertório de atividades foi produzido em oficinas conjuntas vivenciadas por todos os participantes do projeto, durante vários encontros realizados para esse fim. As atividades sugeridas e experimentadas eram levadas aos alunos do ensino médio e retornavam para as discussões no grupo; no momento em que se dirimiam as dúvidas, sugeriam-se adaptações e mesmo a eliminação daquelas que não atendiam às expectativas.

Sempre é importante salientar que tais atividades não são modelos, e sim meros exemplos que podem ser seguidos, alterados e questionados pelos professores.

Como sugestões iniciais de elementos teóricos para a discussão dos temas corporeidade e esporte, apresentamos um pequeno rol de referências, o qual pode ser complementado por outros escritos do conhecimento dos professores de educação física na escola.

1.1 Algumas referências sobre o tema corporeidade

ASSMANN, Hugo (1996). *Metáforas novas para reencantar a educação*. Piracicaba: Ed. da Unimep.

CODO, Wanderley e SENNE, Wilson A. (1985). *O que é corpo(latria)*. São Paulo: Brasiliense. (Primeiros Passos)

DANTAS, Estélio (org.) (2005). *Pensando o corpo e o movimento*. Rio de Janeiro: Shape.

DE MARCO, Ademir (org.) (2001). *Pensando a educação motora*. Campinas: Papirus.

_____ (2006). *Educação física: Cultura e sociedade*. Campinas: Papirus.

GOLIN, Carlo H.; PACHECO NETO, Manuel e MOREIRA, Wagner W. (orgs.) (2008). *Educação física e motricidade: Discutindo saberes e intervenções*. Dourados: Seriema.

GONÇALVES, Maria Augusta S. (1999). *Sentir, pensar, agir: Corporeidade e educação*. Campinas: Papirus.

MOREIRA, Wagner W. (org.) (2006). *Século XXI: A era do corpo ativo*. Campinas: Papirus.

_____ (org.) (2008). *Educação física e esportes: Perspectivas para o século XXI*. 15ª ed. Campinas: Papirus.

MOREIRA, Wagner e SIMÕES, Regina (org.) (2009). *Educação física e produção de conhecimento*. Belém: Edufpa.

NÓBREGA, Terezinha Petrucia (2005). *Corporeidade e educação física: Do corpo-objeto ao corpo-sujeito*. Natal: Ed. da UFRN.

NOVAES, Adauto (org.) (2003). *O homem-máquina: A ciência manipula o corpo*. São Paulo: Companhia das Letras.

OLIVEIRA, Vitor M. de (org.) (1987). *Fundamentos pedagógicos da educação física 2*. Rio de Janeiro: Ao Livro Técnico.

PORTO, Eline (2005). *A corporeidade do cego: Novos olhares*. Piracicaba/São Paulo: Ed. da Unimep/Manole.

RODRIGUES, David (org.) (2008). *Os valores e as atividades corporais*. São Paulo: Summus.

1.2 Algumas referências sobre o tema esporte

BENTO, J.O. (2004). *Desporto: Discurso e substância*. Porto: Campo das Letras.

BENTO, J.O.; GARCIA, Rui e GRAÇA, Amândio (1999). *Contextos da pedagogia do desporto*. Lisboa: Livros Horizonte.

MOREIRA, Wagner W. (org.) (2006). *Século XXI: A era do corpo ativo*. Campinas: Papirus.

_____ (2008). *Educação física e esportes: Perspectivas para o século XXI*. 15ª ed. Campinas: Papirus.

MOREIRA, Wagner W. e SIMÕES, Regina (orgs.) (2002). *Esporte como fator de qualidade de vida*. Piracicaba: Ed. da Unimep.

_____ (2000). *Fenômeno esportivo no início de um novo milênio*. Piracicaba: Ed. da Unimep.

PAES, Roberto R. e BABINO, Hermes F. (2005). *Pedagogia do esporte: Contextos e perspectivas*. Rio de Janeiro: Guanabara Koogan.

TANI, Go; BENTO, J.O. e PETERSEN, Ricardo D. de S. (2006). *Pedagogia do desporto*. Rio de Janeiro: Guanabara Koogan.

1.3 Principal referência sobre temas geradores

FREIRE, Paulo (1987). *Pedagogia do oprimido*. 17ª ed. Rio de Janeiro: Paz e Terra.

2. *A construção das propostas*

Já com os dados tabulados e os interesses dos alunos identificados, passamos a desenvolver as propostas de atividades relativas aos conteúdos, relacionando-os aos temas escolhidos. Assim, para o desenvolvimento das atividades referentes aos conteúdos selecionados, de acordo com sua experiência anterior nas diferentes modalidades e sua maior identificação, dividimos a equipe de pesquisa: professores da universidade, professores da rede estadual de ensino, professores voluntários, alunos dos cursos de mestrado e de graduação em educação física.

Para a execução das tarefas, destacamos alguns pressupostos: nosso objeto de conhecimento e nossos conteúdos seriam o ponto de partida, e os temas teriam de ser abordados com base nas atividades propostas para o desenvolvimento destes.

Iniciamos o trabalho e, de modo geral, a elaboração das sugestões que ora apresentamos seguiu esta rotina:

- Construção das propostas pelo professor responsável – nesse momento cada docente elaborava sua contribuição, observando o conteúdo que melhor dominava, e partia da sua prática vivida, ou seja, das atividades que já havia desenvolvido com seus alunos. Se o caso exigisse, o professor se dirigiria para a pesquisa em livros relativos à modalidade em busca de possíveis sugestões, assim como solicitava auxílio aos elementos do grupo de modo que completasse sua proposição.
- Formatação das propostas sugeridas – essa tarefa foi desenvolvida pelos alunos bolsistas, com a supervisão dos professores orientadores, resultando na inserção das atividades em um padrão uniforme, impressas na ficha modelo.
- Discussão das propostas pelo grupo de pesquisa – nesse momento era realizada a análise das proposições feitas pelo professor, reafirmando-as ou retificando-as. O docente revelava as reações dos alunos quando da colocação da vivência da sugestão em aula, mostrando pontos positivos e negativos que teriam influenciado na motivação do aluno em participar da aula. Se a proposta tivesse sido vivenciada também por outros docentes, a análise se ampliava e os resultados obtidos passavam a ser considerados. É importante salientar que as propostas que atingiram o maior consenso foram as indicadas para compor o rol de atividades ora proposto.
- Experimentação das atividades – no caso de propostas não vivenciadas anteriormente pelo professor com seus alunos,

assim como de grandes modificações estruturais em alguma proposição inicial, as atividades eram indicadas para serem efetivadas por dois ou três professores.

- Nova discussão para o fechamento da modalidade – posteriormente, esse resultado era novamente discutido pelo grupo que o avaliava, observando as respostas dos alunos quanto à motivação, à manutenção da dinâmica da atividade e, em especial, quanto à adequação ao objetivo que se propunha ou ao gesto que se queria desenvolver.

Ainda mais, para o desenvolvimento das atividades, consideramos as escolhas dos alunos, todavia apreciamos o potencial do grupo para a construção delas, assim como a possibilidade de trabalhar alguns conteúdos em conjunto. Desse modo, apresentamos o repertório de atividades, observando-se os seguintes conteúdos: voleibol, basquetebol, futebol de campo, handebol, *skate*, atletismo, lutas e dança de salão. Já as sugestões para musculação e alongamento foram reunidas em uma única proposição denominada condicionamento físico.

Ressaltamos que esse processo de construção teve a duração de aproximadamente um ano. Apresentamos, no próximo item, o resultado obtido.

3. Atividades sugeridas

3.1 Voleibol

OBJETIVOS	CONTEÚDO	GESTOS ESPORTIVOS	ATIVIDADES	TEMAS	NECESSIDADES
Identificar a vivência dos alunos no esporte (ação diagnóstica)	VOLEIBOL	Todos os fundamentos do esporte	Toque	Capacidades físicas e habilidades motoras	Quadra, rede, bolas de voleibol, bolas de plástico grandes e coloridas
			Manchete		
			Saque		
			Bloqueio		
			Bolão		
			Voleibol de três		
			Saque matrix		
			Rede humana	Cooperação	
		Cortada	Aquecimento na rede	Capacidades físicas e habilidades motoras	
Compreender o esporte visualizando a estrutura do jogo		Todos os fundamentos do esporte	Vídeo		Sala de vídeo
Vivenciar o esporte		Jogo 6x0	Jogo propriamente dito	Preconceito	Quadra, rede e bolas de voleibol
Compreender o esporte, identificando a transição do posicionamento de recepção ao posicionamento de defesa		Estrutura do jogo – posicionamento	Câmbio	Cooperação	Quadra, rede e bolas de voleibol
Compreender o esporte, visualizando os sistemas de jogo		Sistemas de jogo – 4x2	Jogo propriamente dito		Quadra, rede e bolas de voleibol
			Vídeo para visualização e entendimento dos alunos em relação ao posicionamento		Sala de vídeo
		Sistemas de jogo – 5x1	Vídeo para visualização e entendimento dos alunos em relação ao posicionamento		
		Posicionamento dos jogadores – levantamento, ataque e defesa			
		Posicionamento dos jogadores – líbero			
Compreender o processo histórico do desenvolvimento do voleibol		Processo histórico	Pesquisa pelos alunos e sistematização pelo professor	Cultura	Sala de vídeo e biblioteca
			Jogo de acordo com a evolução do esporte		Quadra, rede, bolas
Identificar a possibilidade de inclusão no esporte		Jogo adaptado	Voleibol sentado	Preconceito	Quadra, rede, bolas

ATIVIDADES – VOLEIBOL

BOLÃO

- **Disposição:** Seis alunos de cada lado da quadra.
- **Desenvolvimento da atividade:** Organiza-se o time para o desenvolvimento do jogo de voleibol. Inicia-se o jogo obedecendo às regras tradicionais desse esporte. No entanto, para receber a bola ou para enviá-la para outro campo, somente é permitido o uso de toques.
- **Variações:** Havendo um número grande de alunos, diminui-se o placar, de modo que a equipe que vencer saia da quadra para entrar outra que está esperando.
- **Observação:** Devem-se incentivar as equipes para a realização de três toques na bola, antes de enviá-la ao campo adversário.
- **Tema:** Capacidades físicas e habilidades motoras.

VOLEIBOL DE TRÊS

- **Disposição:** Os alunos são divididos em trios que se colocam em fila, atrás das linhas de fundo da quadra de voleibol. Inicia-se atividade com um trio de cada lado da quadra.
- **Desenvolvimento da atividade:** Ao sinal do professor, um aluno de um dos trios inicia a atividade executando um saque por baixo para que a outra equipe receba a bola segurando-a. Em seguida, o aluno que recebeu a bola, do local em que está, executa um novo saque por baixo, e assim sucessivamente, até que uma das equipes consiga fazer com que a bola caia no chão do campo adversário. Nesse momento ocorre a troca de uma das equipes, perdedora ou ganhadora, conforme o objetivo do professor, por outra que está na linha de fundo da quadra.
- **Variações:** Sacar por cima. Receber a bola de manchete e segurar. Receber a bola de manchete, passar para outro aluno que a segura. Receber a bola de manchete, o segundo aluno executa um toque e o terceiro segura a bola. Após o saque, o trio deve tocar com uma das mãos uma das linhas laterais, do fundo ou do centro da quadra. Segurar a bola.
- **Tema:** Capacidades físicas e habilidades motoras.

SAQUE MATRIX

- **Disposição:** Seis alunos de cada lado da quadra.
- **Desenvolvimento da atividade:** Organiza-se o time para o desenvolvimento do jogo de voleibol. Inicia-se o jogo com um dos times sacando. No outro time, um dos alunos faz a recepção com toque ou manchete, passando a bola para o segundo que, também, realiza um toque ou manchete e passa a bola para o terceiro, que vai segurá-la e executar um saque, por cima ou por baixo, enviando a bola para a outra equipe, que faz o mesmo.
- **Variações:** Diminui-se o placar para 5 ou 10 pontos, e a equipe que vencer sai da quadra entrando uma próxima dando mais dinamismo ao jogo.
- **Tema:** Capacidades físicas e habilidades motoras.

REDE HUMANA

- **Disposição:** A turma é dividida em três grupos. Duas equipes são colocadas em cada um dos lados da quadra e a terceira se posiciona em fileira sobre a linha da rede.
- **Desenvolvimento da atividade:** As equipes que estão posicionadas na quadra iniciam o jogo obedecendo às regras tradicionais desse esporte, enquanto a equipe que está disposta sobre a linha central fica em fileira, com os braços levantados, com o objetivo de formar a rede. Esses alunos tentam bloquear a jogada ou segurar a bola. Ao conseguir o seu intento, essa equipe se posiciona na quadra, trocando de lugar com a que perdeu a bola, e assim sucessivamente, até uma equipe conseguir marcar 25 pontos.
- **Tema:** Cooperação.

AQUECIMENTO NA REDE

- **Disposição:** Usam-se os dois lados da rede com duas colunas de alunos para atacar (cortar) e dois ou quatro alunos que são os levantadores.
- **Desenvolvimento da atividade:** Realizar o aquecimento comum antes de jogos de voleibol, ou seja, os levantadores lançam a bola e os atacantes cortam sobre a rede para o outro lado da quadra.

- **Variações:** Pode-se iniciar o trabalho com o próprio jogador lançando a bola e também agarrando-a, respeitando-se as diferenças individuais de habilidade. Podem-se também utilizar a entrada, a saída e o meio de rede para a execução dos ataques.
- **Tema:** Capacidades físicas e habilidades motoras.

CÂMBIO

- **Disposição:** Seis alunos de cada lado da quadra. Organizar uma equipe para a recepção em W, enquanto a equipe que vai sacar se posiciona em V com bloqueio montado, conforme mostra a figura a seguir.
- **Desenvolvimento da atividade:** Após o saque, a equipe que fez a recepção realiza três toques segurando a bola em cada um deles, e no último deve passá-la para o outro lado, realizando a troca de posicionamento em W para V, esperando o retorno da bola e assim por diante, até durar a jogada.
- **Variações:** Ir aumentando o grau de dificuldade: utilizando o toque, segurando somente a primeira bola até chegar, efetivamente, ao jogo completo.
- **Figuração:**

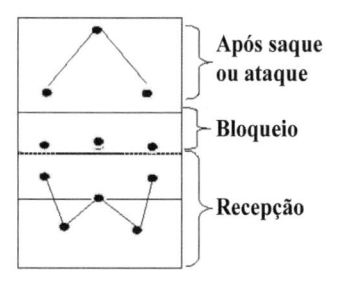

  - Após saque ou ataque
  - Bloqueio
  - Recepção

- **Observação:** O levantador da equipe que faz a recepção nunca recebe a primeira bola do saque, por isso não está representado na figura.
- **Tema:** Cooperação.

POSICIONAMENTO DOS JOGADORES – LEVANTAMENTO, ATAQUE E DEFESA

- **Disposição:** Seis alunos de cada lado da quadra.
- **Desenvolvimento da atividade:** Mostrar a distribuição dos jogadores nas posições de levantamento, ataque e defesa no sistema de jogo 4x2.

- **Figuração:**

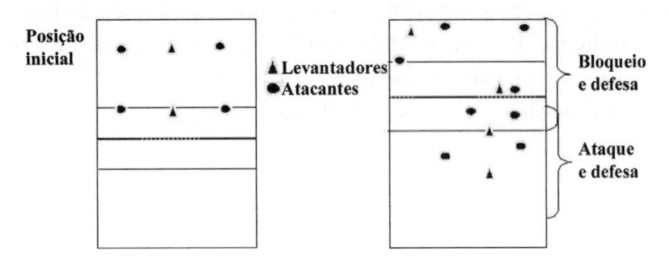

- **Variações:** Pode-se fazer parando a bola, como a atividade câmbio, e depois realizar o jogo em si.

VOLEIBOL SENTADO (ADAPTADO)

- **Disposição:** Seis alunos sentados em cada lado da quadra, nas posições de um jogo normal. Altura da rede colocada entre 1 m e 1,15 m.
- **Desenvolvimento da atividade:** O jogo se desenvolve com três toques, todavia os alunos não podem tirar os glúteos do contato com o chão no momento em que tocam a bola. No momento do golpeio do saque, os glúteos devem estar atrás da linha de saque, podendo as pernas estar dentro da quadra. O saque pode ser bloqueado.
- **Variações:** Podem-se colocar em quadra mais ou menos alunos, de acordo com as necessidades.
- **Tema:** Preconceito.

3.2 Futsal

OBJETIVOS	CONTEÚDO	GESTOS ESPORTIVOS		ATIVIDADES	TEMAS	NECESSIDADES
Identificar a vivência do grupo no esporte (ação diagnóstica)	FUTSAL	Todos os fundamentos do esporte	Passe e recepção	Rolinho e mofo	Capacidades físicas e habilidades motoras	Trave e bola de futsal
			Condução	"Fuga" com bola	Competição	Bolas de futsal, futebol ou alternativas
			Drible e finta	Bife	Capacidades físicas e habilidades motoras	Bola de futebol (mais leve)
			Finalização e chute	Artilheiro		Bola de futebol, duas traves e quadra
			Marcação e desarme	Futebol dos 4 cones	Competição	Uma bola de futebol de salão, quatro cones
			Goleiro	Gol a gol		Traves e bolas
Compreender o esporte visualizando os fundamentos básicos do jogo		Todos os fundamentos do esporte e as classificações quanto às suas variações		Vídeo para visualização e entendimento dos alunos em relação às técnicas		Sala de vídeo
Vivenciar os principais tipos e variações de movimentos/gestos esportivos relativos a cada fundamento		Todos os fundamentos do esporte		Passes Recepção Condução Dribles Finalizações e chutes Marcação	Capacidades físicas e habilidades motoras	Bolas, cones, quadra de futsal
Compreender a estrutura do jogo		Observar a distribuição das equipes em jogo		Visualização de uma partida e discussão com o grupo	Violência	Quadra, bola de futsal, traves, coletes, redes e árbitro
Vivenciar o esporte		Sistema 2x2 (2 defensores e 2 atacantes)		Jogo propriamente dito	Preconceito	Quadra, bolas de futsal e coletes
Compreender a estrutura do jogo quanto às funções e aos posicionamentos dos jogadores em campo		Vivência dos posicionamentos e funções para movimentação de ataque e defesa		Futsal de setor (ataque x defesa)	Cooperação e competição	Quadra, bolas de futsal, traves e coletes
Conhecer o esporte vivenciando os diferentes sistemas de jogo		Sistemas de jogo: 2x1x1 (2 alas defensores, 1 armador e 1 pivô); e 1x2x1 (1 fixo, 2 alas médios e 1 pivô)		Jogo como simulação e minipebolim humano	Cooperação e preconceito	Quadra, bolas de futsal e coletes
Conhecer e compreender os sistemas de jogo utilizados no esporte de alto nível e os rodízios		Sistema mais defensivo: 3x1 (3 distribuídos na defesa e 1 pivô); 4x0 (4 defesas); 0x4 ("suicida"); 1x4 (variação com goleiro linha) e rodízios		Vídeo para a visualização e melhor compreensão dos sistemas	Cuidados no treinamento	Sala de vídeo
Compreender a origem e a evolução do esporte		Processo histórico		Pesquisa pelos alunos e sistematização pelo professor	Cultura	Sala de vídeo, sala de informática e estudo bibliográfico
Identificar a possibilidade de inclusão no esporte		Jogo adaptado		Golbol (para deficientes visuais)	Preconceito	Bola com guizo, cones e tapa-olhos

ATIVIDADES – FUTSAL

ROLINHO

- **Disposição:** Deve ser feita uma grande coluna ou fileira ao lado de um dos gols. Os dois primeiros alunos da fileira formam a primeira dupla a jogar, de frente para o gol e com uma bola. O terceiro aluno é o goleiro.
- **Desenvolvimento da atividade:** A dupla de linha deve realizar passes entre si, mantendo a bola sempre em movimento, não podendo deixá-la parar em nenhum momento do jogo. A bola só poderá ser tocada uma vez pelo aluno antes de realizar o passe. Um dos dois deve tentar fazer o gol, mas isso somente do terceiro passe em diante. Se não conseguirem o intento, sai o aluno responsável por deixar a bola parar ou que a tenha tocado por duas vezes seguidas e, também, quando na finalização, não tenha marcado o gol. Aquele que era goleiro entra em seu lugar na linha e o (então) primeiro da fila de espera passa a ser o goleiro.
- **Variações:** Aumentar o número de traves e dividir a turma. Aumentar o número de jogadores na linha, colocando, por exemplo, trios ou quartetos. Aumentar o número de bolas e/ou goleiros.
- **Tema:** Capacidades físicas e habilidades motoras.

MOFO

- **Disposição:** Os alunos ficam dispostos em duplas ou trios de frente para o gol, com uma bola. Os demais devem aguardar a sua vez, enfileirados ao lado da trave.
- **Desenvolvimento da atividade:** Os jogadores de linha (dupla ou trio) têm de passar a bola uns aos outros com o objetivo de fazer gols. Os alunos só podem fazer o gol com a bola aérea. A bola deve ser trabalhada sempre pelo alto, de modo que os integrantes da dupla/trio que estiver jogando venham a executar somente passes por baixo da bola e com trajetória alta. Respectivamente, a recepção pelo alto e o domínio da bola por meio das várias partes do corpo (pés, coxas, peito, ombro ou cabeça) é o que tem de fazer o companheiro, até que encontrem a melhor maneira de tentarem chutar a gol. Sai o aluno que não conseguir fazer o gol no momento da finalização. Aquele que então era goleiro entra em seu lugar na linha e o primeiro da fila de espera passa a ser o goleiro.

- **Variações:** Pode ser realizada a brincadeira "Três dentro, três fora", que implica as mesmas condições, mas deve acabar somente após três erros subsequentes da dupla/trio, ou, então, após três acertos (gols) de uma das equipes. Nesta variação, o gol de cabeça vale três pontos e serve tanto para eliminar de imediato o goleiro, quanto, se este vier a agarrar a bola ou se esta for para fora em sua trajetória, para eliminar o aluno que a cabeceou.
- **Tema:** Capacidades físicas e habilidades motoras.

"FUGA" COM BOLA

- **Disposição:** Cada aluno deve ter a posse de uma bola de futsal, ficando todos espalhados numa área/região delimitada da quadra. O caçador fica sem bola.
- **Desenvolvimento da atividade:** Ao sinal dado pelo professor, os alunos devem fugir conduzindo a sua respectiva bola, não permitindo que o caçador a pegue. O aluno que perder a sua bola passa a ser o caçador e não pode tirar a bola daquele que antes a tinha pego. Não é preciso roubar a bola, apenas esbarrar nela para que já passe a ser o caçador.
- **Variações:** Os alunos que perderem a bola passam a ser caçadores. Ou, para o caso de não haver quantidade suficiente de bolas para todo o grupo, como acontece em grande parte das escolas, o professor pode realizar a atividade "Caça com bola", na qual, inversamente, apenas um – o pegador – deve estar de posse da bola, enquanto os demais fogem sem ela. Aqui, é importante que todos possam vivenciar a função de pegador, devendo inclusive ter mais de um pegador para dinamizar a atividade.
- **Tema:** Competição.

BIFE

- **Disposição:** É colocada uma bola no centro da quadra. A turma é dividida em duas equipes, que devem se colocar em fileiras opostas, nas linhas laterais da quadra. Cada aluno recebe um número.
- **Desenvolvimento da atividade:** O professor diz em voz alta dois números, um de cada fileira ou equipe, e os jogadores que tiverem tais números correm em direção à bola para tentar pegá-la primeiro e, depois,

tentar aplicar o drible em seu adversário para chegar até a meta (gol) oposta (predeterminada). A brincadeira é paralisada imediatamente se o jogador da equipe oponente, que não conseguiu chegar à bola primeiro, vier a tocá-la posteriormente, impedindo a realização do drible pelo seu adversário. É necessário, pois, que o professor dê um tempo curto de intervalo entre o momento de disputa da bola ("bife") e o momento de aplicação do drible no adversário, a fim de possibilitar a situação de "um contra um", fazendo que o drible venha a ser dado e não a simples condução de bola até a meta do adversário. O jogo acaba quando todos tiverem participado, ou quando se atingir um placar predeterminado.

- **Variações:** Chamar mais de um número por equipe, podendo trocar passe, além do drible. Visar outro fundamento, tal como o da condução, de modo que se estabeleça igualmente uma meta e uma bola para cada equipe.
- **Tema:** Capacidades físicas e habilidades motoras.

ARTILHEIRO

- **Disposição:** Os alunos são dispostos em duplas, de modo que um de cada dupla fique como goleiro em sua respectiva trave, e o outro fique na metade oposta da quadra, ou seja, contrária à de seu parceiro posicionado no gol.
- **Desenvolvimento da atividade:** Realiza-se um sorteio para ver quem começa com a bola. O goleiro da dupla que começa procura lançar a bola (com um chute para o alto) para o seu companheiro do outro lado da quadra, a fim de que este faça o gol sem dar mais que dois toques na bola. O jogador que estiver, no primeiro momento, fazendo o setor de linha (ataque) não poderá invadir a metade da quadra em que estiver o seu goleiro, bem como o jogador de mesma função (da equipe oposta), a menos que se faça um gol em favor de sua equipe. Ao fazer o gol, o jogador deve imediatamente correr para a trave (meta) onde está o seu goleiro, e este, para o campo de jogo onde estava seu companheiro, invertendo-se as posições. O goleiro da dupla adversária, imediatamente após tomar o gol, deve pegar a bola e chutá-la rapidamente para o outro lado a fim de que seu companheiro faça, do mesmo modo, o gol antes de aqueles efetuarem a troca. Se fizer o gol, as duas equipes devem realizar a troca. Cada vez que fizer um gol, a dupla troca de posições, até o tempo ou o placar determinado para a substituição das duplas/equipes.

- **Variações:** Por ser uma brincadeira tradicional em algumas regiões, não tem uma variação significativa para modificá-la a não ser jogar com mais do que dois em cada equipe, ou adaptá-la para jogar com grupos heterogêneos (sexo).
- **Tema:** Competição.

FUTEBOL DOS 4 CONES

- **Disposição:** O grupo é dividido em duas equipes. Cada uma defende quatro cones, que são colocados ao longo da área de futebol de salão.
- **Desenvolvimento da atividade:** Colocam-se quatro cones para cada equipe, arrumados ao longo da área de futebol de salão. Cada equipe defende quatro cones. Faz-se um círculo com giz, em volta dos cones. Os alunos não podem entrar nessa área (nem a defesa nem o ataque). Espalhados pela quadra, devem atacar, chutando a bola em direção ao cone, ou defender, impedindo que os cones sejam derrubados. A equipe que conseguir derrubar os quatro cones primeiro vence o jogo.
- **Variações:** Os cones derrubados podem ser colocados ao lado de seus cones de defesa (ao final do jogo, haverá oito cones de um lado, e nenhum cone, na outra equipe).
- **Tema:** Competição.

GOL A GOL

- **Disposição:** São utilizadas duas metas de futsal, ou ainda metas improvisadas, distantes umas das outras, de acordo com uma metragem estipulada pelo professor.
- **Desenvolvimento da atividade:** Um aluno chuta na meta oposta à sua, procurando marcar gols. O outro aluno, nesse momento, joga como goleiro.
- **Variações:** Pode ser jogado por mais alunos ao mesmo tempo, possibilitando uma maior participação durante a atividade. Ainda assim, deve ser determinado tempo mínimo para que os demais não fiquem muito tempo esperando.
- **Tema:** Competição.

FUNDAMENTOS DO ESPORTE

- **Disposição:** A disposição dos alunos para essa atividade depende das condições que o professor tiver, especialmente em relação às necessidades. Ressalta-se, no entanto, a importância de se conseguir com a atividade a experimentação da variação de gestos em relação a cada fundamento, de modo que se conquiste um bom repertório motor a ser utilizado em situações de jogo.
- **Desenvolvimento da atividade:** Trabalhar a execução das seguintes variações de fundamentos:
  - passes: curtos, médios e longos (distância); rasteiro, meia-altura, parabólico e alto (trajetória); face interna do pé, face externa do pé, face superior do pé, dorso do pé e de bico (modo de execução); de peito, ombro, cabeça e calcanhar (com partes do corpo);
  - recepção: com diferentes partes do corpo. Face interna, face externa e sola dos pés – para bolas rasteiras; faces dos pés e coxa – para bolas à meia-altura; dorso dos pés e solado, coxa, peito e cabeça – para trajetórias parabólicas; peito, ombro e cabeça – para bolas altas;
  - condução: em diferentes velocidades e trajetórias;
  - dribles: em diferentes tipos de execução – puxando a bola e saindo à lateral, com a face interna, externa e solado dos pés e levantando a bola sobrepondo o adversário. Nesse momento deve-se propor a ação dos alunos para dribles diferenciados e, utilizando como modelos os alunos que executarem esses dribles, propor a todos a realização dos gestos;
  - finalização/chutes: rasteiro, meia-altura e alto (trajetória); face interna do pé, face externa do pé, face superior do pé, dorso do pé e de bico (modo de execução); de coxa, peito, cabeça e calcanhar (com partes do corpo); voleio, por cobertura, "de letra" ou de segurança (maior complexidade).
- **Variações:** Depende das condições que o professor tiver.
- **Tema:** Capacidades físicas e habilidades motoras.

FUTSAL DE SETOR (ATAQUE X DEFESA)

- **Disposição:** Distribuir o grupo em duas equipes, com dois a quatro jogadores cada uma, utilizando apenas uma das metades da quadra, organizando-as em ataque e defesa.
- **Desenvolvimento da atividade:** Cada aluno recebe um determinado posicionamento e, respectivamente, uma função inicial, para atacar ou para defender. O professor explica o que tem de fazer cada aluno em seu respectivo posicionamento, podendo-se utilizar o sistema mais simples de jogo 2x2. Em seguida, pede-se para jogarem, de modo que a bola comece com a equipe atacante, que tem como objetivo invadir a área de pênalti para fazer o gol, consolidando assim um ponto em favor de sua equipe. À outra, por sua vez, cabe a tarefa de se defender, porém devendo cada jogador (da equipe defensora) marcar aquele a quem está designado e procurar desarmar o seu adversário, conforme movimentação e posse de bola dos atacantes. Ao interceptar a bola ou desarmar a equipe atacante, pede-se para inverter as funções das equipes, atacando agora aqueles que defendiam, e vice-versa. O jogo se dá sem a necessidade de goleiros. Sugere-se estipular um placar pequeno, de modo que todos possam participar, propiciando o rodízio de todas as equipes.
- **Variações:** Permitir a troca de funções para a vivência de outras e não apenas daquelas determinadas inicialmente, além da troca natural de defensor para atacante, e vice-versa.
- **Tema:** Cooperação e competição.

MINIPEBOLIM HUMANO

- **Disposição:** É a mesma do pebolim humano como descrito para o futebol de campo, exceto pela necessidade de menos (alunos) "seguradores", cordas e demais materiais, pelo fato de o futsal possuir menos jogadores de linha e, portanto, sistemas táticos reduzidos. No esporte em questão, jogam apenas cinco jogadores contando o goleiro.
- **Variações:** Jogar com bolas de várias formas, pesos e tamanhos.
- **Tema:** Cooperação e preconceito.

SIMULAÇÃO

- **Disposição:** Os alunos devem estar dispostos, para demonstração, conforme a orientação do professor, de modo que apenas simulem as jogadas para que todos as compreendam melhor.
- **Desenvolvimento da atividade:** Trabalhar a execução das variações das seguintes atividades:
  - defesa coletiva – marcação individual (cada jogador, segundo a sua posição, marca outro jogador em específico); marcação por zona (cada jogador é responsável por um espaço respectivo); marcação mista (que engloba as outras duas, com jogadores atuando na marcação por zona, porém tendo um ou dois marcando individualmente, no geral quando se trata de um jogador mais habilidoso e que pode conferir perigo à sua equipe);
  - defesa individual – antecipação de uma jogada ou de um ataque; bloqueio de um chute ou de uma ação ofensiva; dividida, disputa de bola ou bola prensada;
  - táticas coletivas ofensivas – saídas de jogo; cobranças de faltas; cobranças de lateral, cobranças de escanteio.
- **Variações:** Demonstrar os diferentes tipos de marcação e ataque em questão, tanto por meio de vídeos, como por meio de jogadores ou atletas para a observação dos alunos em relação aos diferentes tipos de sistemas de defesa e ataque (individuais e coletivos) existentes.
- **Tema:** Aspectos psicológicos.

GOLBOL

- **Disposição:** Atividade desenvolvida por deficientes visuais e, desse modo, os alunos devem jogar vendados. Formar grupos com três alunos cada, devendo iniciar os jogos simultaneamente, utilizando-se para tal a ocupação de meia quadra para cada jogo. Como metas, utilizar cones, com distância sugerida pelo professor. Para demarcar a altura das balizas, usar elásticos, fitas ou barbantes.
- **Desenvolvimento da atividade:** Para atacar, o time pode lançar a bola somente de forma rasteira, sendo um jogador por vez, realizando o rodízio entre os jogadores em cada novo ataque. Os limites da quadra devem

ser demarcados com fitas adesivas e barbantes para que os jogadores consigam se orientar. A bola deve possuir um guizo em seu interior para que emita som quando em movimento, permitindo que o jogador tenha conhecimento de sua trajetória. Os jogadores se orientam pelo som e tentam impedir que a bola chegue até o gol, deitando-se na quadra na direção em que ela segue. Os alunos devem aguardar a recepção sentados, ajoelhados ou deitados em frente do espaço determinado pelos cones.

- **Variações:** Deve-se obter silêncio entre os alunos de modo que os que estiverem jogando se orientem pelo som do guizo. Possibilitar que todos os alunos vivenciem as posições de ataque e defesa.
- **Tema:** Preconceito.

3.3 Basquetebol

OBJETIVOS	CONTEÚDO	GESTOS ESPORTIVOS	ATIVIDADES	TEMAS	NECESSIDADES
Identificar a vivência do grupo no esporte (ação diagnóstica)	BASQUETEBOL / Todos os fundamentos do esporte	Posição de defesa e manejo de corpo	Octopus	Cooperação	Nenhum material em específico
		Manejo de bola	Exercícios de manipulação e familiarização com a bola	Capacidades físicas e habilidades motoras	Bolas de basquetebol
		Drible	Onde fica mais?	Capacidades físicas e habilidades motoras	Bola de basquetebol e seis cones
		Passe e recepção	Jogo dos 5 passes	Cooperação	Bolas de basquetebol ou adaptada e coletes
		Arremesso	Basquete 1	Cooperação e competição	Duas bolas de basquetebol e uma cesta
		Rebote	Rebote ou rebatida	Capacidades físicas e habilidades motoras	Bola de basquetebol ou bola de borracha, coletes e quadra poliesportiva
Compreender o esporte, visualizando os fundamentos básicos do jogo		Todos os fundamentos do esporte e as classificações quanto às suas variações	Vídeo para visualização e entendimento dos alunos em relação às técnicas		Sala de vídeo
Vivenciar os principais tipos e variações de movimentos/ gestos esportivos relativos a cada fundamento utilizado na modalidade		Todos os fundamentos do esporte	Manejo do corpo / Dribles / Passes e recepção / Arremesso / Rebote	Capacidades físicas e habilidades motoras	Bolas e quadra de basquetebol
Vivenciar a estrutura do jogo		Vivência no esporte observando a movimentação e o posicionamento dos jogadores	Jogo propriamente dito		Bolas, coletes e quadra de basquetebol
Vivenciar e compreender os diferentes sistemas do jogo		Sistemas de defesa	Marcação individual (simples, com ajuda, com antecipação, visão orientada, com flutuação e troca de marcação)	Vivência prática e/ou demonstração visual	Competição	Quadra, bolas de basquetebol, coletes
		Marcação por zona (2-1-2, 1-2-2, 1-3-1, 3-2)	Vivência prática e/ou demonstração visual	Cooperação	Quadra, bolas de basquetebol, coletes
		Ações de ataque (1x1, servir e ir, corta-luz)	1x1, basquetebol câmbio ou demonstração visual	Competição	Quadra, bolas de basquetebol, coletes
Compreender a origem e a evolução do esporte		Processo histórico	Pesquisa pelos alunos e sistematização pelo professor	Cultura	Sala de vídeo, sala de informática e estudo bibliográfico
Propiciar a reflexão de temas relacionados ao esporte		Assistir ao filme e atentar para as suas temáticas de discussão	Debate em grupo	Cooperação	Filme *Coach Carter* (*Treino para a vida*) e sala de vídeo
Identificar a possibilidade de inclusão no esporte		Jogo adaptado	Basquetebol adaptado	Preconceito	Quadra, bolas de basquetebol, coletes

ATIVIDADES – BASQUETEBOL

OCTOPUS (POLVO)

- **Disposição:** Um aluno é escolhido para ser o pegador, devendo ficar sobre a linha central, que divide a quadra. Ele será o *Octopus*. Os demais jogadores se dividem em ambas as linhas de fundo da quadra.
- **Desenvolvimento da atividade:** O *Octopus* diz: "*Octopus!*". Os jogadores respondem: "Pus! Pus!". Ao terminar esse diálogo, os jogadores imediatamente têm de atravessar a quadra de um lado para o outro. O *Octopus* só pode se deslocar lateralmente e com movimentos que simulem a posição de defesa no basquete. Os que forem pegos ficam parados sobre a mesma linha do *Octopus*, ajudando-o a pegar na próxima jogada, porém, sem saírem de seus lugares correspondentes, usando apenas seus "tentáculos", os braços. O jogo termina quando todos, exceto um, tiverem sido pegos.
- **Variações:** Enfocar que somente o polvo (*Octopus*) é o pegador, e o restante que for sendo pego está enfeitiçado, não podendo se deslocar nem ajudar a pegar. Um recurso é colocar no polvo algum detalhe ou adereço que o identifique. Trocar o pegador cada vez que este conseguir pegar um ou mais alunos, conforme critério do professor ou dos alunos.
- **Observações:** Essa atividade possibilita a vivência do gesto técnico de marcação, tendo em vista a posição de defesa e, ao mesmo tempo, o fundamento de manejo de corpo, em que a concepção do uso dos braços, em deslocamento lateral, faz parte de seu aprendizado/compreensão.
- **Tema:** Cooperação.

EXERCÍCIOS DE MANIPULAÇÃO E FAMILIARIZAÇÃO COM A BOLA

- **Disposição:** Os alunos são divididos conforme o número de bolas.
- **Desenvolvimento da atividade:** Realizar uma gama de atividades que permitam a manipulação da bola: rolar a bola pelo corpo em diferentes direções buscando não deixá-la cair; empurrar a bola no solo em várias direções; rolar a bola no solo e acompanhá-la; lançar a bola para

cima e recebê-la em diferentes alturas com duas e com uma das mãos alternadamente; lançar a bola e recebê-la após um salto; lançar a bola para o alto e, em seguida, passar por baixo dela a cada vez que tocar o solo.
- **Tema:** Capacidades físicas e habilidades motoras.

ONDE FICA MAIS?

- **Disposição:** Os cones devem ser postos nas linhas demarcatórias da quadra de basquetebol, colocando-se um em cada canto e dois no centro da quadra no ponto de fusão com as linhas laterais. Os alunos são igualmente divididos em dois grupos, cada equipe com uma bola. As equipes são posicionadas em cantos opostos da quadra, diagonalmente, atrás do seu respectivo cone de maneira que formem colunas.
- **Desenvolvimento da atividade:** Ao sinal do professor, um aluno de cada equipe deve sair correndo com a bola, driblando-a, realizando o percurso delimitado pelos cones, de modo que passe por trás deles. Começa no cone em que está posicionada a sua equipe, passando pelo outro que está no canto ao lado e indo para o do meio até cruzar com o colega da equipe adversária o mais próximo possível da localização da equipe adversária e o mais distante da sua. Ao se encontrarem, os alunos devem parar imediatamente para a verificação da distância percorrida por eles. O aluno que fizer um percurso maior retorna com o adversário para o final de sua coluna. A atividade termina quando uma das equipes conseguir trazer todos os seus (ex-) adversários para o próprio lado.
- **Variações:** Aumentar o número de colunas/equipes em competição. Variação do percurso.
- **Tema:** Capacidades físicas e habilidades motoras.

JOGO DOS 5 PASSES

- **Disposição:** O jogo é realizado na quadra de basquetebol. Formar equipes com seis jogadores, com um aluno de cada equipe dentro do garrafão.
- **Desenvolvimento da atividade:** O início pode ser igual ao do jogo de basquetebol oficial. Os jogadores de uma equipe passam a bola rapidamente entre si até que esta chegue à mão do seu jogador dentro do garrafão, sem que ele saia dali, ao mesmo tempo em que a outra

equipe tenta impedir que ele receba a bola. Cada vez que a bola chegar à mão do jogador dentro do garrafão, a equipe marca dois pontos e a bola passa a ser do outro time. A equipe que conseguir realizar cinco passes consecutivos marcará apenas um ponto, e o jogo terá continuidade. Excetuando a marcação dos pontos e o deslocamento dos jogadores, as regras são as mesmas que as do jogo oficial, uma vez que, pelo fato de não poder bater a bola (driblar), a movimentação dos jogadores se dá somente quando eles estiverem sem a sua posse ou quando se fizer necessário, com a execução de uma bandeja.

- **Variações:** Pode ser atribuído o uso do drible, pois isso, ao contrário do que parece, aumenta a facilidade de jogar, sobretudo com relação aos deslocamentos. Pode-se determinar que, para uma equipe consolidar seus pontos, deverá ter passado a bola por todos os seus jogadores.
- **Observações:** Com isso, vamos trabalhar não somente o passe e a recepção, simultaneamente, como também estratégias de defesa (marcação) e de ataque, que devem ser determinadas pelos próprios jogadores no decorrer do jogo.
- **Tema:** Cooperação.

BASQUETE 1

- **Disposição:** Deve-se organizar uma coluna de alunos, de modo que esta fique de frente para a cesta. Apenas os dois primeiros da coluna ficam com uma bola cada um.
- **Desenvolvimento da atividade:** Os dois primeiros alunos da coluna devem se preparar e, ao sinal do professor, o primeiro arremessa à cesta. O segundo, por sua vez, tem de aguardar o arremesso daquele para poder realizar o seu. Se o primeiro aluno errar seu arremesso, deve correr imediatamente até a sua bola a fim de recuperá-la o mais breve possível, procurando executar um novo arremesso de onde se fizer necessário, antes que o segundo aluno da equipe adversária consiga acertar a cesta. Quando isso ocorrer, o primeiro jogador é eliminado. Imediatamente, ao acertar o arremesso, o aluno que o fez corretamente precisa pegar a sua bola e passá-la ao próximo arremessador, indo aquele para o final da coluna até chegar a sua vez novamente.
- **Variações:** Todos os alunos podem estar de posse de uma bola. Aumentar o número de cestas.
- **Tema:** Cooperação e competição.

REBOTE/REBATIDA

- **Disposição:** Os alunos se dividem igualmente em duas equipes.
- **Desenvolvimento da atividade:** Arremessar a bola na tabela adversária com a finalidade de ela entrar em contato com o chão. Se for recepcionada (pega em rebote) por qualquer jogador da equipe adversária antes de quicar no chão, não é considerado ponto. Caso a bola entre em contato com o chão, o ponto é dado à equipe que efetuou o arremesso. Cada equipe tem, antes de efetuar o arremesso, um total de três passes no campo de defesa e três passes no campo de ataque, sem que sejam interceptados pela equipe adversária. Sendo assim, o objetivo principal do jogo é desenvolver no aluno a capacidade de pegar rebotes em uma ação muito rápida, além, é claro, de trabalhar trocas de passes e deslocamentos. Todos os jogadores podem se deslocar por todo o espaço da quadra sem restrições.
- **Variações:** A cada três pontos para uma das equipes, troca-se a disposição do ataque e da defesa. Pode ser jogado por mais de duas equipes ao mesmo tempo.
- **Tema:** Capacidades físicas e habilidades motoras.

FUNDAMENTOS DO ESPORTE

- **Disposição:** Os alunos são divididos segundo o número de bolas.
- **Desenvolvimento da atividade:** Realizar as seguintes atividades em relação:
  - ao manejo de corpo – corridas (de frente, de costas e com mudanças de direção); deslocamentos (para frente, para trás, laterais e diagonais); paradas bruscas; giros; fintas e saltos (com impulsão em um ou dois pés e com queda em um ou dois pés);
  - aos dribles – baixo ou de proteção; alto ou de velocidade; com mudança de direção (passando a bola por entre as pernas, com corte pela frente, com passagem por trás do corpo, com giro);
  - aos passes – com as duas mãos: de peito; picado; por cima da cabeça; laterais; e, com uma das mãos: de ombro; picado; passes especiais: por trás, de gancho etc.;
  - aos arremessos – com uma das mãos com apoio (simples); com salto (*jump*); de bandeja (efetuado didaticamente na diagonal, tanto pelo lado direito quanto pelo lado esquerdo); de gancho;
  - aos rebotes – defensivos e ofensivos.

- **Variações:** Visualizar os principais tipos existentes de cada um dos fundamentos em questão, quanto às suas variações, por meio de vídeos, para efeito de uma melhor compreensão.
- **Tema:** Capacidades físicas e habilidades motoras.

PRÁTICA DE EXERCÍCIOS E DEMONSTRAÇÃO VISUAL DAS AÇÕES DE DEFESA

- **Disposição:** Uma equipe posicionada na defesa de seu garrafão e a outra preparada para o ataque. Podem-se utilizar os dois lados da quadra, permitindo-se a ação de quatro equipes concomitantemente.
- **Desenvolvimento da atividade:** Realizar as ações de defesa individual, demonstrando visualmente e, depois, desenvolvendo a prática de exercícios:
  - simples – é o mais básico dos sistemas, em que um marcador acompanha e faz a marcação sobre um adversário a todo o momento;
  - com ajuda – o jogador que estiver mais próximo do lado em que for cortado o seu companheiro é que faz a ajuda, posicionando-se na frente do atacante, a fim de impedir a sua passagem, e aquele que for cortado deve retornar à sua marcação o mais rápido possível;
  - com antecipação – os marcadores posicionados no seu campo de defesa vão se colocar e se deslocar de forma que objetivem interceptar o passe e/ou roubar a bola dos seus adversários;
  - visão orientada – exceto o marcador do atacante com bola, todos os outros se posicionam de forma que consigam visualizar, ao mesmo tempo, quem marca e quem está com a bola, sem perder a posição, ou seja, colocando-se de costas para a tabela e de frente para o marcador;
  - com flutuação – os marcadores do lado contrário de onde está a bola se deslocam para uma linha imaginária na área restritiva, impedindo as penetrações;
  - com troca de marcação – é utilizado ou feito por uma equipe quando o ataque usa corta-luz ou alguma outra manobra ofensiva.
- **Variações:** Podem ser mostrados aos alunos os diferentes tipos de marcação em questão por meio de vídeos ou por meio de demonstração de jogadores ou atletas.
- **Tema:** Competição.

BASQUETEBOL CÂMBIO OU DEMONSTRAÇÃO VISUAL

- **Disposição:** Cada equipe deve estar posicionada no espaço correspondente segundo o sistema de marcação por zona a ser utilizado.
- **Desenvolvimento da atividade:** Realizar as ações de defesa por zona, demonstrando visualmente e, posteriormente, desenvolvendo a prática de exercícios:
  - 2x1x2 – é a mais utilizada para iniciantes, tem uma boa distribuição no centro do garrafão e é próxima à cesta, tornando-a eficiente;
  - 1x2x2 – deixa vulnerável o centro do garrafão, facilitando a ação dos pivôs;
  - 1x3x1 – é utilizada para jogar contra equipes que têm bons arremessadores e pivôs fracos, pois deixa o fundo da quadra desprotegido;
  - 3x2 – é uma variação do 2x1x2, é usada para jogar contra equipes de bons arremessadores, mas de armadores fracos.
- **Variações:** Podem ser mostrados aos alunos os diferentes tipos de marcação em questão por meio de vídeos ou por meio de demonstração de jogadores ou atletas.
- **Tema:** Cooperação.

1x1 E BASQUETEBOL CÂMBIO

- **Disposição:** Os alunos devem estar dispostos, para demonstração, conforme a orientação do professor, de modo que apenas simulem as jogadas para que todos as compreendam melhor.
- **Desenvolvimento da atividade:** Realizar as ações de ataque individual, demonstrando visualmente e, depois, desenvolvendo a prática de exercícios:
  - 1x1 – é o momento da partida em que surge uma situação entre um atacante e um marcador/defensor, exigindo do primeiro algum tipo de lance mais ousado contra o seu adversário, e daquele, a marcação individual a fim de roubar a bola ou impedi-lo de realizar jogadas em favor de sua equipe;
  - servir e ir – é o ato de passar a bola para o companheiro e recebê-la novamente para a finalização, lembrando que, para ele estar bem

posicionado ou livre de marcação, devem-se executar fintas ou giros na marcação;
- corta-luz – é a situação na qual um atacante procura interceptar o movimento do defensor para facilitar a ação do companheiro de equipe. Para isso, ele deve estar bem equilibrado e bem posicionado, na posição correta para a execução (braços juntos ao corpo).

- **Variações:** Podem ser mostrados aos alunos os tipos de ataque em questão por meio de vídeos ou por meio de demonstração de jogadores ou atletas.
- **Tema:** Competição.

BASQUETEBOL ADAPTADO

- **Disposição:** Divide-se a turma em duas equipes.
- **Desenvolvimento da atividade:** Cada aluno tem uma deficiência física a representar, observando-se a ação corporal e as dificuldades delas advindas. Desse modo, o jogo tem estes jogadores: o amputado de uma perna – que joga pulando numa perna só –; o amputado de ambas as pernas – que joga sentado no chão, deslocando-se com a ajuda das mãos –; o amputado de um só braço – que joga apenas com uma mão –; o cadeirante – que fica sentado perto da tabela e não pode se levantar. Podem-se acrescentar outras possibilidades segundo a realidade vivenciada pelo grupo e dependendo das possibilidades existentes. O jogo tem também os que não possuem nenhum tipo de deficiência, mas a pontuação é diferente para cada um, segundo a dificuldade de realização do movimento:
  - amputado de ambas as pernas – cesta (6 pontos), aro (5 pontos), tabela (4 pontos);
  - cadeirante e amputado de um braço – cesta (5 pontos), aro (4 pontos), tabela (3 pontos);
  - amputado de uma perna – cesta (3 pontos), aro (2 pontos), tabela (1 ponto);
  - sem deficiência – cesta (2 pontos), aro (1 ponto); tabela (0 ponto).
- **Variações:** Os alunos podem ser distribuídos pela quadra conforme as necessidades para a realização da atividade. Organizar as equipes conforme o número de alunos. No caso de haver uma cadeira de rodas, o

jogo pode ficar mais interessante. Durante o jogo, é recomendável que os alunos vivenciem experiências relativas a todos os tipos de deficiências.
- **Tema:** Preconceito.

3.4 Futebol de campo

OBJETIVOS	CONTEÚDO	GESTOS ESPORTIVOS		ATIVIDADES	TEMAS	NECESSIDADES
Identificar a vivência do grupo no esporte (ação diagnóstica)	FUTEBOL DE CAMPO	Todos os fundamentos do esporte	Passe e recepção	Jogo dos 10 passes	Capacidades físicas e habilidades motoras	Bola de futebol e coletes
			Recepção e domínio	Tchouckball adaptado		Dois quadros de remissão, bolas de futebol cheias ou bolas alternativas
			Condução	Corredor de sobrevivência	Violência	Bolas de futebol, áreas e linhas do campo demarcadas
			Drible e finta	Vingancinha	Cooperação	Bola e trave
			Chute	Rebatida	Cooperação	Bola de futebol, meio campo e uma trave
			Marcação e desarme	Futebol de quatro cantos		Cones, bolas de futebol e coletes
			Goleiro	Defesa show	Capacidades físicas e habilidades motoras	Três (3) a 6 bolas de futebol, trave, linha demarcatória
Compreender o esporte, visualizando os fundamentos básicos do jogo		Todos os fundamentos do esporte e as classificações quanto as suas variações		Vídeo para visualização e entendimento dos alunos em relação às técnicas		Sala de vídeo
Vivenciar os principais tipos e variações de movimentos/gestos esportivos relativos a cada fundamento utilizado na modalidade		Todos os fundamentos do esporte		Passes Cruzamentos Recepção Condução Dribles Chutes	Capacidades físicas e habilidades motoras	Bolas, cones, campo ou quadra
Compreender a estrutura do jogo		Observar a distribuição das equipes em jogo		Visualização de uma partida e discussão com o grupo	Violência	Quadra, bola de futebol, traves, coletes, redes e árbitro
Vivenciar o esporte		Vivência no esporte observando a movimentação e o posicionamento dos jogadores		Ataque x defesa e jogo propriamente dito	Capacidades físicas e habilidades motoras	Campo, bola de futebol, traves e coletes
Conhecer e compreender os diferentes sistemas de jogo e esquemas táticos		Sistemas iniciais: 1x4x3x3 (1 goleiro, 4 defensores, 3 meios e 3 atacantes) e 1x4x4x2 (1 goleiro, 4 defensores, 2 meios defensivos e 2 ofensivos e 2 atacantes) Outros sistemas: 1x3x5x2 (1 goleiro, 3 defensores, 5 meios e 2 atacantes); 1x5x3x2 (1 goleiro, 5 defensores, 3 meios e 2 atacantes); 1x4x5x1 (1 goleiro, 4 defensores, 5 meios e 1 atacante); 1x3x4x3 (1 goleiro, 3 defensores, 4 meios e 3 atacantes) e os diferentes esquemas de jogo		Jogo como simulação e pebolim humano	Cooperação e preconceito	Campo, bola de futebol e coletes com número
				Vídeo para a visualização e melhor compreensão dos sistemas	Competição e violência	Sala de vídeo
Compreender a origem e a evolução do esporte		Processo histórico		Pesquisa pelos alunos e sistematização pelo professor	Cultura	Sala de vídeo, sala de informática e estudo bibliográfico
Propiciar a reflexão de temas relacionados ao esporte		Assistir ao filme e atentar para as suas temáticas de discussão		Debate em grupo	Alcoolismo, tabagismo e drogas	Filme Boleiros e sala de vídeo
Identificar a possibilidade de inclusão no esporte		Jogo adaptado		Futebol de sete	Preconceito	Bola com guizo, cones e vendas para os olhos

ATIVIDADES – FUTEBOL DE CAMPO

JOGO DOS 10 PASSES

- **Disposição:** O grupo é dividido em duas equipes em quantidades iguais de jogadores, que devem se espalhar ocupando todo o espaço da quadra.
- **Desenvolvimento da atividade:** O jogo consiste em realizar 10 passes seguidos entre os integrantes de uma mesma equipe, sendo que a bola não pode ser passada novamente para o mesmo aluno sem antes passar por outro. Os alunos devem gritar o número correspondente à quantidade de passes já realizados. A outra equipe tenta "roubar" a bola, interceptando-a, e recomeçar a jogada iniciando do número 1 novamente. Se a bola ultrapassar uma das linhas que delimitam o espaço da quadra, ela irá para o outro time que recomeçará o jogo. Os passes são feitos utilizando-se somente os pés.
- **Variações:** Pode ser jogado com ou sem o uso das traves, estabelecendo-se pontos diferenciados para a equipe que fizer o gol. Se o número de alunos for excessivo, pode-se formar até três ou mais equipes e colocá-las para jogar ao mesmo tempo, dividindo o espaço da quadra de maneira diferenciada.
- **Tema:** Capacidades físicas e habilidades motoras.

TCHOUCKBALL ADAPTADO

- **Disposição:** A bola utilizada é a de futebol de campo (bem cheia). Ao todo, são nove jogadores para cada equipe, podendo variar esse número conforme a turma. Há dois quadros de remissão[1] dispostos na parte central do fundo.

---

1. Trata-se de um artefato que possibilite a devolução da bola à quadra de jogo. Podem ser utilizados minitrampolins ou um quadro fabricado com a moldura em madeira ou cano de PVC, esticadores feitos de câmara de pneu de bicicleta que ligam a moldura a uma lona quadrada colocada ao centro do quadro.

- **Desenvolvimento da atividade:** Para acertar o alvo (o quadro), é necessário chutar a bola em qualquer um dos dois quadros de remissão. Não existe um alvo específico a defender ou a atacar, pois os dois quadros podem ser utilizados por ambas as equipes. Em frente de cada quadro, existe uma área frontal, a zona proibida, em forma de semicírculo, e o jogador nunca pode invadir essa área com a bola, na finalização, ao passar ou recepcionar a bola. Após chutá-la, caso o faça por meio de um salto, pode entrar na zona proibida desde que sem a posse da bola. O simples fato de atingir o quadro não é suficiente para marcar pontos, pois ele funciona apenas como um instrumento para conseguir a pontuação. Para conquistar algum ponto com um chute, a bola deve tocar no quadro e ser recepcionada por um dos integrantes da mesma equipe, em alguma parte da quadra, com exceção da zona proibida. Se, após o arremesso, a bola for recuperada (interceptada e dominada) pela equipe adversária, o jogo seguirá normalmente.
- **Tema:** Capacidades físicas e habilidades motoras.

CORREDOR DE SOBREVIVÊNCIA

- **Disposição:** Os alunos ficam dispostos em duas fileiras, igualmente divididas, cada uma numa linha lateral do campo. Todos os alunos devem estar de posse de uma ou mais bolas.
- **Desenvolvimento da atividade:** Um aluno é designado a começar. Deve sair, com uma bola, de uma das extremidades do campo para a outra. Os demais, dispostos em suas respectivas fileiras, têm o objetivo de atrapalhar esse aluno chutando as bolas, procurando acertar ou tirar a bola que está com ele. A brincadeira é iniciada e/ou paralisada somente após o sinal do professor, e, se a bola vier a ser tocada, a jogada também será interrompida. Vence(m) aquele(s) que conseguir(em) atravessar o percurso sem que sua bola tenha sido acertada.
- **Variações:** Sair um aluno de cada lado ao mesmo tempo. Uma variação também pode ser feita com duas colunas em vez de fileiras, de modo que os primeiros de cada coluna tentem acertar o aluno ao centro, e este, igualmente, tente driblar e fintar, mas parado no lugar. Nesse caso, estão sendo enfatizados os fundamentos drible e controle de bola no lugar da condução.
- **Observações:** A atividade, portanto, pode ser aplicada com outras finalidades e para outros fundamentos, complementando, assim, o

fundamento condução, uma vez que podem ser criadas estratégias por meio de dribles ou fintas, para que o aluno tente impedir que sua bola seja tocada pelas demais.
- **Tema:** Violência.

VINGANCINHA

- **Disposição:** Os alunos ficam espalhados pelo campo de jogo. É utilizada apenas uma das traves, onde eles devem marcar o gol.
- **Desenvolvimento da atividade:** Os alunos jogam cada um por si, tendo de fazer um gol para poder eliminar um dos participantes, e assim sucessivamente, até que sobre apenas um, que será o vencedor. O goleiro (sorteado para a função) deve "quebrar", ou seja, chutar ou jogar a bola em direção à turma. O aluno que ficar e/ou estiver com a bola terá de driblar para chegar até o gol, enquanto os outros tentarão roubar-lhe a bola e fazer o mesmo. Quando um deles conseguir marcar um gol, interrompe-se a brincadeira, e os demais, imediatamente, formam uma coluna, de maneira que o marcador do gol não possa ver todos. Este escolherá um número que corresponderá ao aluno a sair. O aluno que chutar a bola para fora ou sair com ela pela linha lateral do campo também será eliminado. O mesmo acontece com aquele em que a bola bateu por último, ao sair do campo de jogo.
- **Variações:** Utilizar as duas traves do campo ou mais de uma bola para aumentar o dinamismo do jogo, bem como possibilitar ainda mais a participação dos menos habilidosos ou aptos ao fundamento.
- **Tema:** Cooperação.

REBATIDA

- **Disposição:** Os alunos são divididos em duplas. É utilizada apenas uma trave ou meta de modo que uma dupla deve defender primeiro e a outra finalizar.
- **Desenvolvimento da atividade:** Um dos alunos da dupla começa finalizando contra a meta em que a dupla adversária está composta, tentando fazer gols ou acertar alguma parte da trave, uma vez que os postes valem mais pontos do que o próprio gol feito. O aluno que vai chutar deverá optar por chutar mais forte para que a bola entre na meta ou, então, seja rebatida pelos jogadores adversários de maneira que o companheiro fique

próximo e atento para pegar o rebote a fim de tentarem fazer o gol, pois gol feito após um rebote vale mais que gol feito diretamente. Caso a bola seja jogada fora da área de jogo, a dupla que defende precisará recuperar a bola e tentar levá-la até a área próxima ao gol (área de meta, por exemplo) para, então, poder pegá-la com as mãos ou parar a jogada.

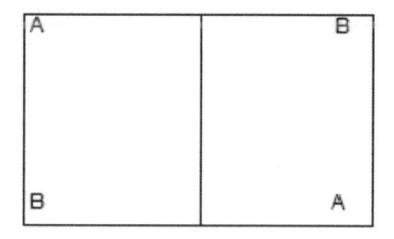

- **Variações:** Defender utilizando só os pés. Jogar com dois goleiros ao mesmo tempo.
- **Tema:** Cooperação.

FUTEBOL DE QUATRO CANTOS

- **Disposição:** O jogo se inicia com dois times de quatro jogadores, espalhados pela quadra.
- **Desenvolvimento da atividade:** O jogo segue as regras do futsal com início no meio da quadra. A diferença é que os jogadores deverão fazer o gol nos cantos demarcados e predeterminados, ou seja, a equipe A faz gol nos cantos B e vice-versa; e, portanto, as traves não têm mais validade.
- **Variações:** Formar quatro equipes e colocá-las para jogar ao mesmo tempo ou acrescentar mais gols.
- **Tema:** Cooperação.

DEFESA *SHOW*

- **Disposição:** Ficam de três a seis alunos dispostos de frente para a trave estabelecida para ser a meta durante a atividade. Estes devem se manter enfileirados durante todo o tempo, dispostos em uma linha paralela à

linha de fundo do campo, dentro do espaço de jogo, no caso, a linha da grande área.
- **Desenvolvimento da atividade:** Cada um dos seis alunos receberá um número, de modo que este seja revelado para o jogador que estiver na posição de goleiro. Um aluno é escolhido para ficar no gol, devendo estar atento para ouvir a palavra-chave "gol" no momento em que o professor proferi-la, bem como para ouvir, em seguida, o número do aluno correspondente àquele que o professor quer que chute. A atividade, portanto, consiste em cinco tentativas de surpreender o goleiro, que deve fazer todas as defesas possíveis, oriundas dos cinco chutes.
- **Variações:** As bolas podem ser lançadas com as mãos, pelos alunos escolhidos para cumprir a tarefa, já que o objetivo principal está em propiciar uma vivência para o goleiro e estimular o desenvolvimento da velocidade de reação.
- **Tema:** Capacidades físicas e habilidades motoras.

FUNDAMENTOS DO ESPORTE

- **Desenvolvimento da atividade:** Essa atividade deve ser desenvolvida como o futsal, observando-se as diferenciações em relação ao espaço e à bola utilizada.
- **Tema:** Capacidades físicas e habilidades motoras.

ATAQUE x DEFESA

- **Disposição:** Distribuir o grupo em duas equipes, com média de cinco a sete jogadores cada, apenas em uma das metades do campo, organizando-as em ataque e defesa.
- **Desenvolvimento da atividade:** Cada aluno recebe um determinado posicionamento e, respectivamente, uma função inicial, para atacar ou para defender. O professor dá as coordenadas a respeito do que tem de fazer cada aluno no posicionamento a que foi designado, podendo se utilizar de um dos dois sistemas mais básicos de jogo. Em seguida, pede-se para jogarem, de modo que a bola comece com a equipe atacante, que tem como objetivo simplesmente invadir a área de meta, consolidando, assim, um ponto em favor de sua equipe. À outra, por sua vez, cabe a tarefa de se defender, mas devendo cada jogador marcar aquele a quem

está designado e desarmando o seu adversário, conforme movimentação e posse de bola dos atacantes. Ao interceptar a bola ou desarmar a equipe atacante, pede-se para inverter as funções das equipes, atacando agora aqueles que defendiam, e vice-versa.

O jogo se dá sem a necessidade de goleiros. Estipular um placar pequeno, de modo que todos possam participar, propiciando o rodízio de todas as equipes.

- **Variações:** Permitir a troca de funções para a vivência de outras e não apenas aquelas determinadas inicialmente.
- **Tema:** Capacidades físicas e habilidades motoras.

PEBOLIM HUMANO

- **Disposição:** Organizar os alunos em duas equipes. Preparar a quadra, com seis cordas atravessadas de lado a lado, na altura da cintura dos jogadores, e 12 alunos, em rodízio, vão segurá-las posicionando-se na lateral do campo. Nas traves, colocam-se mais duas cordas, "fechando" os gols, também na altura da cintura. Antes de fixar as cordas, devem ser enfiados em cada uma dois ou três canudos de papelão (rolo de papel-toalha, por exemplo), onde os alunos devem segurar com ambas as mãos, imitando os bonecos do pebolim, de modo que possam se deslocar lateralmente.
- **Desenvolvimento da atividade:** Os jogadores só podem se deslocar lateralmente, ao longo de cordas ou cordões. Deve-se possibilitar que todos os alunos participem da atividade como jogadores. Se houver necessidade de alunos para segurar a corda, lembre-se de promover rodízios frequentes.
- **Variações:** Se a bola ficar por muito tempo apenas numa das metades da quadra, lance uma segunda bola na outra metade, para que todos tenham a oportunidade de jogar e vivenciar. Essa situação foi pensada para 34 alunos, 22 jogadores e 12 segurando as cordas, mas adequações podem ser pensadas para um número diferenciado de participantes.
- **Tema:** Cooperação e preconceito.

SIMULAÇÃO

- **Disposição:** Os alunos devem estar dispostos de modo que apenas simulem as jogadas para que todos as compreendam melhor.

- **Desenvolvimento da atividade:** Realizar as atividades observando os fundamentos básicos de:
  - defesa – equilíbrio numérico (número de defensores igual ao número de atacantes); compactação (deixar o menor número de espaços vazios);
  - ataque – abertura (abrir espaço para o companheiro, puxando a marcação para si); mobilidade (movimentação intensa de bola entre os companheiros de mesma equipe e dos próprios jogadores com ou sem a bola); penetração (manobra ofensiva para tentar infiltrar na defesa adversária em condições favoráveis de se fazer o gol, normalmente, assim como as anteriores, ensaiadas durante os treinos); improvisação (criar uma jogada individual ou coletiva para superar a defesa).
- **Tema:** Cooperação e preconceito.

FUTEBOL DE SETE

- **Disposição:** Devem-se formar duas equipes de sete jogadores, ocupando todo o espaço delimitado. Como metas, utilizar a própria trave ou cones. Sendo esse jogo utilizado para deficientes visuais, os alunos devem jogá-lo com os olhos vendados e utilizando bola de guizo.
- **Desenvolvimento da atividade:** O jogo deve seguir basicamente as regras do futebol de campo. Os alunos devem ser guiados por um técnico que serve para dar-lhes indicações e orientações relativas a que direção controlar, conduzir, passar e chutar a bola. Os limites do espaço são demarcados com fitas adesivas e barbantes para que os jogadores consigam se orientar. Podem ser feitos dois jogos simultaneamente, um em cada metade do campo, ou então com todos os alunos ao mesmo tempo se a atividade for realizada em quadra, a fim de dinamizar as trocas de equipes, propiciando que todos participem. A bola deve ter guizo em seu interior que emita som quando em movimento, permitindo que o jogador tenha conhecimento de sua trajetória. Dessa forma, além dos técnicos guias, os jogadores podem se orientar pelo som.
- **Observações:** O silêncio é imprescindível para que se ouça o barulho do guizo.
- **Tema:** Preconceito.

3.5 Handebol

OBJETIVOS	CONTEÚDO	GESTOS ESPORTIVOS		ATIVIDADES	TEMAS	NECESSIDADES
Identificar a vivência do grupo no esporte (ação diagnóstica)	HANDEBOL	Fundamentos do esporte		Pega drible	Capacidades físicas e habilidades motoras	Bolas de handebol H1L ou bolas de borrachas
Compreender o esporte, visualizando os fundamentos básicos do jogo		Todos os fundamentos do esporte e as classificações quanto às suas variações		Vídeo para visualização e entendimento dos alunos em relação às técnicas		Sala de vídeo
Vivenciar os principais fundamentos relativos à modalidade		Todos os fundamentos do esporte	Passe e recepção	Passe 10	Capacidades físicas e habilidades motoras	Bolas de handebol H1L ou bolas de borracha
			Drible	Pular e driblar		Bolas de handebol H1L ou bolas de borracha e cordas
			Arremesso	*Dodgeball*		Bolas de handebol H1L ou bolas de borracha
				Arremessalvo		Bolas de handebol H1L ou bolas de borracha, oito cones e oito arcos
			Marcação	Handebol quatro cantos		
Compreender a estrutura do jogo, a função e o posicionamento dos jogadores		Observar a distribuição dos jogadores no jogo		Pebolim humano	Cooperação	Quadra, coletes e bolas H2L
		Sistemas de jogo e estratégias de equipe	Defesa	Defesa em círculo		
			Ataque e defesa	Com bola ataca, com bola defende		
Compreender o esporte, visualizando e vivenciando os sistemas de jogo ofensivo		Sistema de jogo ofensivo	Engajamento	Vídeo para visualização e entendimento dos alunos em relação ao posicionamento	Cooperação e competição	Sala de vídeo
				Jogo propriamente dito		Quadra, coletes e bolas H2L
Compreender o esporte, vivenciando os sistemas de jogo		Sistema de jogo defensivo	Individual	Jogo propriamente dito		Quadra, coletes e bolas H2L
			6 x 0			
			5 x 1			
Compreender a origem e a evolução do esporte		Processo histórico		Pesquisa pelos alunos e sistematização pelo professor	Cultura	Sala de vídeo, sala de informática e estudo bibliográfico

ATIVIDADES – HANDEBOL

PEGA DRIBLE

- **Disposição:** Na quadra de vôlei.
- **Desenvolvimento da atividade:** Os alunos devem se deslocar na quadra de vôlei, objetivando driblar a sua bola e, ao mesmo tempo em que a protegem, buscam tirar a bola de um companheiro, de modo que saia da área demarcada, o que o deixará fora do jogo. Reduzido o número de alunos, a área diminui e a dificuldade aumenta com a intenção de melhorar o drible e o campo de visão do aluno.
- **Tema:** Capacidades físicas e habilidades motoras.

PASSE 10

- **Disposição:** Dois grupos de alunos dispostos pela quadra e uma bola.
- **Desenvolvimento da atividade:** O grupo que tem a posse de bola deve executar dez passes sem perdê-la para a outra equipe. Completada essa tarefa, a posse de bola vai para o grupo adversário. Se o grupo que estiver sem a bola conseguir interceptá-la, tenta fazer os dez passes.
- **Variações:** Aumentar o número de grupos e de bolas.
- **Tema:** Capacidades físicas e habilidades motoras.

PULAR E DRIBLAR

- **Disposição:** Os alunos devem permanecer em duas colunas formadas de cada um dos dois lados da corda.
- **Desenvolvimento da atividade:** A atividade é realizada com duas pessoas que ficam batendo a corda e os alunos formados em duas colunas, sendo que uma coluna fica de um lado da corda e a outra do lado contrário. No primeiro momento, um aluno, com uma bola nas mãos, entra para pular corda. Em um segundo momento, o aluno é desafiado a driblar a bola de modo intermitente enquanto pula e depois de modo contínuo.

- **Variações:** Compreendido o processo, o professor pode dividir os alunos em grupos segundo o número de cordas e realizar variações pulando com um pé só e driblando a bola etc. As variações devem acontecer quando o professor perceber que todos os momentos das atividades anteriores foram superados pelos alunos, e assim desafiá-los a pular corda, driblar e usar um outro fundamento do handebol já aprendido.
- **Tema:** Capacidades físicas e habilidades motoras.

DODGEBALL

- **Disposição:** Dois grupos com seis alunos, posicionado cada grupo de um lado da quadra, atrás da linha dos três metros do voleibol.
- **Desenvolvimento da atividade:** O jogo é semelhante à queimada, com algumas diferenças: cada grupo fica em sua quadra não podendo ultrapassar a área demarcada; a disputa se inicia com seis bolas na linha central da quadra e, ao comando do professor, cada aluno deve pegar somente uma bola e voltar ficando atrás da linha dos três metros do voleibol, para realizar o arremesso em apoio e em suspensão; o aluno atingido pela bola é considerado "queimado". Então, o jogo é paralisado e o aluno deixa a quadra. Todas as partes do corpo atingidas pela bola são consideradas queimadas, não havendo nenhuma parte do corpo "fria". No momento em que a bola for arremessada no outro grupo, e algum integrante do mesmo grupo conseguir agarrá-la de imediato, o aluno que a arremessou será considerado "queimado" e deverá se dirigir para a área de espera. Assim, volta ao jogo o primeiro aluno posicionado na área de espera, do grupo que agarrou a bola. Caso a bola seja arremessada e algum integrante do outro grupo consiga segurá-la antes que ela caia no chão, mesmo que tenha atingido algum integrante do grupo, essa bola será considerada "salva", e o aluno que a arremessou sairá da quadra, pois será considerado "queimado". E assim, novamente, volta ao jogo o primeiro aluno que foi queimado, posicionado na área de espera do grupo que salvou a bola. O aluno pode pegar a bola que estiver em sua quadra para arremessar no outro grupo. O jogo termina quando o último aluno de um dos grupos for queimado ou ao final de dez minutos, com o grupo que estiver com o menor número de alunos em quadra. Em caso de os dois últimos atletas serem queimados ao mesmo tempo, o lance será invalidado e a bola retornará em posse dos jogadores de origem.

Caso haja empate, o jogo vai para a morte súbita, sendo que um atleta de cada equipe deve ficar dentro de um triângulo marcado na quadra e, ao comando do árbitro, os atletas, sem sair de dentro do triângulo, devem pegar e arremessar a bola tentando acertar o jogador da equipe adversária. Caso os jogadores errem o arremesso, o árbitro retorna a bola para ambos até que um seja queimado.

- **Tema:** Capacidades físicas e habilidades motoras.

ARREMESSALVO

- **Disposição:** Os alunos devem ser dispostos pela quadra posicionados de frente para o gol e atrás da linha pontilhada dos nove metros, utilizando-se as duas traves.
- **Desenvolvimento da atividade:** No primeiro momento, os alunos devem permanecer atrás da linha dos nove metros em fileiras, cada um em uma posição. Ao sinal do professor, um por vez realiza um arremesso, com o objetivo de acertar um dos cones que ficam no chão nos lados internos da trave. Após o número suficiente de tentativas para cada aluno, o professor prende dois arcos de cada um dos lados internos e superiores da trave para a realização de arremessos para o alto. No terceiro momento, o professor pode propor a realização do arremesso em suspensão, após o passo trifásico, desenhando três círculos no chão em cada posição das passadas e, em suspensão, buscar acertar o alvo determinado.
- **Variações:** O professor pode colocar pontos nos cones e arcos, dividindo os alunos em três grupos: à direita, à esquerda e ao centro.
- **Tema:** Capacidades físicas e habilidades motoras.

HANDEBOL QUATRO CANTOS

- **Disposição:** Dividir o grupo em duas equipes que obrigatoriamente devem estar definidas por cores. Os alunos devem estar posicionados na quadra de basquete, utilizando os quatro cantos da quadra, e em cada canto deve ser colocado um cone em uma área delimitada.
- **Desenvolvimento da atividade:** Joga-se similarmente ao jogo apresentado no futsal, mas os alunos só podem se deslocar sem a posse da bola, e, estando com ela em mãos, só podem dar no máximo três passos,

passando-a para alguém de seu grupo. Cada grupo defende dois cones, que estão posicionados na sua quadra, buscando derrubar os demais dispostos na quadra do outro grupo. Os cones não podem ser derrubados com arremessos em distância, apenas após o aluno ter dado três passos até eles. Os grupos se dividem em subequipes, ou seja, uma mesma equipe deve ter alunos para a defesa e outros para o ataque. Caso uma das equipes marque o ponto, a outra equipe recomeça o jogo, com a bola partindo do gol de futsal.
- **Tema:** Capacidades físicas e habilidades motoras.

PEBOLIM HUMANO

- **Disposição:** Cinco alunos ficam na linha de seis metros do handebol, posicionados na defesa, e cinco alunos são posicionados atrás da linha dos nove metros do handebol, no ataque. Devem-se utilizar dez alunos em cada lado da quadra, propiciando maior participação.
- **Desenvolvimento da atividade:** O professor posiciona os alunos como ponta-direita, meia-direita, armador/central, meia-esquerda e ponta-esquerda, ensinando a função de cada jogador em sua posição, explicando também sobre o pivô, embora nesse jogo ele não seja trabalhado. Os alunos são amarrados um no outro pelas pernas, tanto os do ataque quanto os da defesa, movimentando-se com a bola nas mãos, realizando o passe um para o outro e o arremesso para o gol. Isso acontece ao mesmo tempo em ambos os lados da quadra. O professor determina cerca de cinco minutos para a realização dos gols e, ao seu sinal, trocam-se os atacantes por defensores e vice-versa. Deve-se também promover a troca entre as posições laterais. O grupo que conseguir fazer mais gols ganha o jogo.
- **Tema:** Cooperação.

DEFESA EM CÍRCULO

- **Disposição:** Os alunos são divididos em grupos com 16 pessoas cada um e um cone.
- **Desenvolvimento da atividade:** Cada grupo tem 16 pessoas que formam dois subgrupos de oito pessoas, sendo que um subgrupo se posicionará com sete pessoas de costas e em círculo, em volta de um aluno do

mesmo subgrupo, o pivô, mas que faz parte da equipe atacante. O outro subgrupo fica posicionado em um círculo maior em volta do primeiro subgrupo e de frente para este. Assim, o subgrupo de oito alunos passa a bola um para o outro em círculo, objetivando uma falha da defesa para a realização de um passe para o pivô. Cada passe para este será contado e, por isso, o subgrupo que está na defesa tem como objetivo interceptar e defender essa bola, não deixando que o pivô a pegue. A atividade deve ser realizada por todos os grupos ao mesmo tempo, e o professor é quem determina o tempo de jogo.

- **Variação:** Essa atividade pode acontecer com cones em vez de um pivô no meio da defesa, tendo os atacantes de derrubar o cone para a soma de pontos.
- **Tema:** Cooperação.

COM BOLA ATACA, COM BOLA DEFENDE

- **Disposição:** Os alunos são divididos em trios.
- **Desenvolvimento da atividade:** O professor, ao dividir os alunos em trios, pede que permaneçam todos fora da quadra de handebol e, para iniciar o jogo, chama dois trios que ficam de costas para a quadra, estando um trio do lado direito da linha central da quadra, o outro trio do lado esquerdo e três goleiros nos dois gols, pois, quando o ataque sair de um lado, os próximos trios serão chamados para que aconteça um outro ataque do outro lado da quadra. O professor deixa a bola no centro da quadra, e, ao seu sinal ou apito, os trios têm de virar de frente e correr para disputar a bola. O trio que pegar sai passando para atacar e o que não conseguiu ter a posse de bola se defende para de não ocorra o gol do ataque. O trio que conseguir fazer mais gols ganhará o jogo.

3.6 Skate

OBJETIVOS	CONTEÚDO	GESTOS ESPORTIVOS		ATIVIDADES	TEMAS	NECESSIDADES
Identificar a vivência dos alunos no esporte (ação diagnóstica) e vivenciar a modalidade skate	SKATE	Fundamentos básicos	Deslocamento para frente e para trás, com o eixo gravitacional corporal baixo, equilibrando-se	Skate em duplas	Capacidades físicas, habilidades motoras e cooperação	Um skate para grupos de 4 a 6 alunos, 6 a 8 cones, quadra ou espaço semelhante
			Deslocamento para frente e para trás, com pequena elevação do eixo gravitacional corporal, equilibrando-se	Skate em 4 apoios	Capacidades físicas e habilidades motoras	
			Deslocamento para frente, com pequena elevação do eixo gravitacional corporal, equilibrando-se	Centopeia	Cooperação	
			Deslocamento para frente com elevação moderada do eixo gravitacional corporal	Skatelevação	Capacidades físicas e habilidades motoras	
Conhecer os componentes do skate				Skate stop	Cultura	Quadra ou sala de aula, skates e ferramentas
Vivenciar a modalidade skate		Jogos envolvendo deslocamento	Deslocamento sentado em duplas	SK8		Um skate para grupos de 4 a 6 alunos, 9 cones, quadra ou espaço semelhante
				Perseguição	Competição	Dois skates, de preferência similares, 4 cones, quadra ou espaço semelhante
			Deslocamento com elevação total do eixo gravitacional corporal	Skatango	Cooperação	Um skate para grupos de 4 a 6 alunos, 6 a 8 cones, quadra ou espaço semelhante
				Portal		
Compreender a origem e a evolução do esporte		Processo histórico		Vídeo	Cultura	Vídeo *Dogtown and z-boys: Onde tudo começou*, sala de aula ou de projeção
				Quiz		Sala de aula

ATIVIDADES – *SKATE*

SKATE EM DUPLAS

- **Disposição:** Formar grupos dispostos em uma das extremidades da quadra.
- **Desenvolvimento da atividade:** O professor divide os alunos em grupos uniformes e fornece um *skate* para cada grupo. Os alunos devem ficar atrás dos cones, que sinalizam o local de partida, em uma das extremidades da quadra. Cada equipe se organiza em duplas, e um dos alunos se posiciona sentado no centro do *skate* e o outro o empurra, fazendo-o locomover-se para frente, cumprindo uma trajetória reta.
- **Variações:** Num primeiro momento, os alunos devem apenas vivenciar o deslocamento para frente e, posteriormente, para trás, deslocando-se de costas. Após a vivência e a maior familiarização com o equipamento, disputas entre os grupos podem acontecer. Caso os participantes já apresentem um determinado domínio da modalidade, o responsável por empurrar o *skate* pode posicionar-se com o pé de apoio sobre a parte traseira do equipamento denominada de rabeta ou *tail*, impulsionando-o com o outro pé, ocorrendo, assim, um deslocamento com os dois participantes sobre o *skate*.
- **Tema:** Capacidades físicas e habilidades motoras e cooperação.

SKATE EM 4 APOIOS

- **Disposição:** Formar grupos dispostos em uma das extremidades da quadra.
- **Desenvolvimento da atividade:** O professor divide os alunos em grupos uniformes e fornece um *skate* para cada grupo. Os alunos devem permanecer atrás dos cones, que sinalizam o local de partida, em uma das extremidades da quadra. Em cada grupo, um aluno por vez vivencia o deslocamento. Para o posicionamento inicial, as mãos ficam dispostas de forma paralela na parte frontal do *skate* (mais conhecida como *nose*), um dos joelhos na parte central da prancha de madeira (*shape*), a ponta dos pés apoiada na parte posterior do *skate* (mais conhecida como rabeta ou *tail*) e o pé de apoio lateralmente posicionado no chão. Para se deslocar, o aluno deve impulsionar o *skate* com o pé de apoio.

- **Variações:** Num primeiro momento, os alunos devem vivenciar o deslocamento em direção reta, e posteriormente estabelecer curvas tanto para o lado direito quanto para o esquerdo, favorecendo o desenvolvimento do domínio lateral.
- **Tema:** Capacidades físicas e habilidades motoras.

CENTOPEIA

- **Disposição:** O professor divide a sala em grupos com sete alunos, fornecendo três *skates* para cada grupo. Após a divisão, os alunos se posicionam em colunas, sentados sobre os *skates* em forma de centopeia, e um deles empurra toda a equipe.
- **Desenvolvimento da atividade:** Após o sinal de largada dado pelo professor, as equipes devem percorrer um trajeto preestabelecido, sendo vencedora aquela que atingir a meta o mais rápido possível, mantendo a formação de centopeia.
- **Variações:** Os participantes devem estar sentados sobre os *skates* e impulsionar com as mãos para que a centopeia se locomova. Outra possibilidade de conduzir a atividade é fornecer dois *skates* para grupos com seis alunos, pedindo que eles se organizem de maneira que cinco deles estejam sobre os *skates* e apenas um seja o responsável por impulsioná-los pelo espaço (*skate* cooperativo).
- **Tema:** Cooperação.

SKATELEVAÇÃO

- **Disposição:** Formar grupos dispostos em uma das extremidades da quadra.
- **Desenvolvimento da atividade:** O professor divide os alunos em grupos uniformes e fornece um *skate* para cada grupo. Os alunos devem permanecer atrás dos cones, em uma das extremidades da quadra, que sinalizam o local de partida. Cada equipe se organiza em duplas. Em cada grupo, os alunos vivenciam a atividade da seguinte forma: quanto ao posicionamento, um dos alunos se coloca sentado no centro do *skate* com os pés na parte dianteira (*nose*) e as mãos paralelas seguram no meio do *shape*. Já o parceiro responsável por empurrar o *skate* se posiciona com as mãos sobre os ombros de quem estiver sentado e o pé de apoio sobre a

parte traseira do *skate* (rabeta ou *tail*), impulsionando-o com o outro pé, ocorrendo, assim, um deslocamento dos dois participantes sobre o *skate*.
- **Variações:** Num primeiro momento, os alunos devem vivenciar o deslocamento em direção reta e, posteriormente, estabelecer curvas tanto para o lado direito quanto para o esquerdo, favorecendo o desenvolvimento da lateralidade.
- **Tema:** Capacidades físicas e habilidades motoras.

SKATE STOP

- **Disposição:** Oferecer um *skate* para grupos contendo entre seis e oito participantes. Ferramentas necessárias para cada grupo: duas chaves tamanho 8 para a base dos eixos fixada ao *shape*, duas chaves tamanho 16 para o parafuso do eixo principal, duas chaves tamanho 13-14 para a fixação das rodas, duas chaves de fenda e alicates. A atividade pode ser realizada tanto em uma quadra poliesportiva, como na própria sala de aula.
- **Desenvolvimento da atividade:** Identificar as principais peças que compõem o *skate*. Dessa forma, as principais peças são:
  - *Shape* – prancha de madeira leve revestida por uma lixa, fornecendo a base de sustentação ao praticante.
  - *Trucks* ou eixos, *pivot bushing* ou bases e *bushings* ou amortecedores – conjunto de peças que acoplam as rodas e o *shape*, oferecendo estabilidade e direção ao praticante.
  - Rodas e rolamentos – o *skate* comporta quatro rodas, e em cada roda são acoplados dois rolamentos contabilizando oito no total.

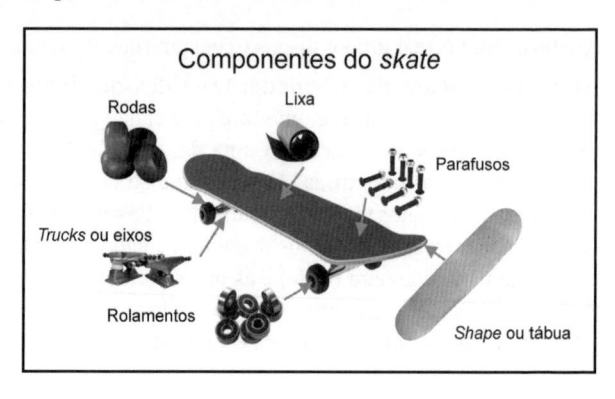

Componentes do skate

Rodas • Lixa • Parafusos • *Trucks* ou eixos • Rolamentos • *Shape* ou tábua

A atividade consiste na transformação do *pit-stop* das corridas de Fórmula 1 para o *skate*. Os alunos são divididos em equipes uniformes, recebendo um *skate* desmontado e um jogo de ferramentas. Após explicação sobre como se apropriar das ferramentas para montagem do *skate*, é dado um sinal para que as equipes comecem a montá-los. Para tanto, o professor deve verificar qual equipe monta corretamente e de forma mais rápida seu s*kate*.

- **Variações:** Caso seja difícil a aquisição de vários jogos de ferramentas, a atividade pode ser apenas demonstrada, ou seja, o professor desmonta e monta o *skate* para que os alunos se familiarizem com suas principais peças. Em vez de fornecer um jogo de ferramentas para cada equipe, a atividade pode ser realizada com uma caixa central onde todas as ferramentas são colocadas, fazendo que os participantes tenham de procurar as ferramentas adequadas para a montagem do *skate*. Nessa mesma caixa central podem ser colocadas ferramentas que não são necessárias para a montagem do *skate*, dificultando que as equipes encontrem as ferramentas ideais.
- **Tema:** Cultura.

SK8

- **Disposição:** O professor divide os alunos em três grupos. Cada equipe se organiza em duplas, na qual um dos participantes fica sentado no centro do *skate* e o outro o empurra, percorrendo o circuito em forma de oito. O circuito é montado da seguinte maneira: um cone para cada grupo sinalizando o local de largada em uma das extremidades da quadra. Um dos cones deve estar posicionado no centro da quadra e o outro na outra extremidade, conforme mostra a figura a seguir:

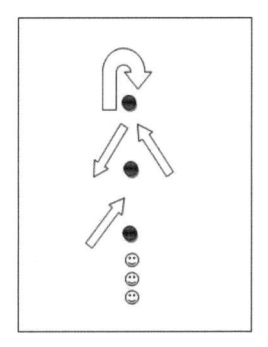

- **Desenvolvimento da atividade:** As duplas devem contornar os cones do meio da quadra e o da extremidade oposta, perfazendo um circuito em forma de oito. Ao finalizar o trajeto, o aluno que está sentado assume o lugar do que está em pé, e o aluno que está esperando assume a posição sentada no *skate*. Estes realizam o mesmo percurso, e assim sucessivamente, até todos percorrerem todo o trajeto.
- **Variações:** O circuito pode apresentar diversos traçados, como oval, retangular, triangular, entre outros. Disputas entre as equipes podem ser realizadas após a vivência do circuito.
- **Tema:** Competição.

PERSEGUIÇÃO

- **Disposição:** O professor divide o grupo em duas equipes uniformes, fornecendo um *skate* para cada uma delas. Cada equipe se organiza em duplas, na qual um dos participantes fica sentado no centro do *skate* e o outro o empurra percorrendo o circuito em formato oval. O circuito é montado da seguinte maneira: um cone para cada equipe, sinalizando o local de largada em uma das extremidades da quadra. Três cones são colocados na outra extremidade da quadra ou do espaço a ser utilizado, caracterizando o circuito oval.
- **Desenvolvimento da atividade:** O professor dá a ordem de largada, e, simultaneamente, as duplas devem sair paralelamente e perfazer o circuito oval.
- **Variações:** Pode-se variar a atividade, colocando as duplas da posição interna (mais próximas dos cones) para largar um pouco mais atrás das duplas da posição externa (mais distantes dos cones).
- **Tema:** Competição.

SKATANGO

- **Disposição:** O professor divide os alunos em grupos uniformes e fornece um *skate* para cada grupo. Os alunos devem permanecer atrás dos cones, em uma das extremidades da quadra, que sinalizam o local da partida. Cada equipe se organiza em duplas.

- **Desenvolvimento da atividade:** Em cada grupo, os alunos vivenciam a atividade da seguinte forma: um dos alunos é o condutor e o outro é o conduzido. O condutor coloca os pés próximos às rodas do *skate*, fazendo que ele fique parado; o aluno a ser conduzido sobe no *skate*, ambos formam um par na posição de dança, de mãos dadas, braços à frente, o condutor abraçando a cintura do parceiro e este buscando apoiar-se no ombro do condutor, o qual deve conduzir seu parceiro por toda a extensão da quadra.
- **Variações:** Os alunos devem andar somente sobre as linhas da quadra poliesportiva, mudando sua trajetória ao comando do professor. Exemplo: sobre as linhas da quadra de basquete, de voleibol ou, até mesmo, pelas cores: linhas vermelhas, pretas, brancas etc. Também pode se utilizar da música para estimular o deslocamento das duplas ou, como regra preestabelecida, os alunos somente podem se deslocar quando a música é tocada.
- **Tema:** Cooperação.

PORTAL

- **Disposição:** Posicionar os alunos em uma das extremidades da quadra, onde dois cones sinalizam o local de largada. Na extremidade oposta, o professor posiciona paralelamente os cones, formando o "portal" pelo qual as duplas passam.
- **Desenvolvimento da atividade:** O professor organiza os alunos em duplas, em que um dos participantes fica sentado no centro do *skate* e o outro o empurra. O professor se posiciona na outra extremidade da quadra, colocando dois cones paralelos que formam o "portal" pelo qual os alunos devem passar.
- **Variações:** Conforme o andamento da atividade, o professor vai alterando o tamanho do portal, dificultando ou facilitando a passagem das duplas. Possibilitar a vivência tanto para o lado esquerdo quanto para o lado direito.
- **Tema:** Cooperação.

QUIZ

- **Disposição:** Alunos na sala de aula ou na sala de projeção.
- **Desenvolvimento da atividade:** Exposição do vídeo[2] aos alunos. Após a exposição do filme ou até mesmo na aula seguinte, o professor pode desenvolver o jogo de perguntas e respostas rápidas, referentes ao vídeo já exposto.
- **Tema:** Cultura.

---

2. O vídeo é um documentário que relata a trajetória histórica da modalidade *skate*, desde seu surgimento no início dos anos de 1960 na Califórnia, passando por suas transformações socioculturais ao longo das décadas e perspectivas para a modalidade neste novo século.

3.7 Atletismo

OBJETIVOS	CONTEÚDO	GESTOS ESPORTIVOS		ATIVIDADES	TEMAS	NECESSIDADES
Compreender o esporte, visualizando as modalidades relativas às corridas, aos saltos e aos lançamentos	ATLETISMO	Todas as modalidades do esporte		Assistir a vídeo	Cultura	Filme com apresentação das modalidades
Identificar as habilidades dos alunos no esporte (ação diagnóstica)		Modalidades do esporte	Corridas – Saída baixa	Peter Pan e Pirata	Capacidades físicas e habilidades motoras	Quadra e coletes
			Corridas – Resistência aeróbia	Pega-pega nas linhas	Capacidades físicas e habilidades motoras	Quadra e bonés
			Saltos – Projeção do joelho da perna de chute	Mãe da rua		Quadra
			Lançamentos – Dardo	Batalha das bolas	Capacidades físicas, habilidades motoras e ética	Quadra, rede de vôlei, apito, postes e bolas
Vivenciar as modalidades do atletismo possíveis de serem desenvolvidas em quadra poliesportiva		Corridas	Velocidade de reação	Reagindo ao som	Anabolizante	Aparelho de som
			Fundo	Rali de regularidade	Capacidades físicas e ética	Quadra, cones e cronômetros
			Passagem de bastão	Zona de passagem	Capacidades físicas e habilidades motoras	Quadra, cones e 2 bastões
		Saltos	Distância	Circuito para o salto em distância		Giz, 2 partes de tapete de borracha, 3 tampas de plinto e 3 colchões ginásticos.
			Triplo	Passada para o salto triplo		Quadra e quadrados de borracha
		Arremessos e lançamentos	Peso	Arremesso com bola	Cuidados com o treinamento	Giz e bolas de borracha com pesos e areia
			Pelota	Lançamento com pelota		Quadra e bolinhas de tênis com pesos e areia
Compreender o processo histórico de desenvolvimento do atletismo		Todas as modalidades do esporte		Pesquisa pelos alunos e sistematização pelo professor		Sala de informática e biblioteca
				Apresentação de vídeo e discussão posterior apontando as diferenças das provas realizadas na época do filme e na atualidade	Cultura	Sala de vídeo e o filme *Carruagens de fogo*

Aulas de educação física no ensino médio 97

ATIVIDADES – ATLETISMO

PETER PAN E PIRATA

- **Disposição:** Os alunos devem ser divididos em dois grupos de número igual de participantes. Os dois grupos se sentam paralelos à linha central da quadra, de costas, um para o outro, mantendo uma distância de 50 cm da linha, se possível vestindo coletes diferenciados. Os participantes devem estar sentados de pernas cruzadas com as mãos nos joelhos. Um grupo é denominado Peter Pan e o outro Pirata.
- **Desenvolvimento da atividade:** O professor inicia o jogo gritando o nome de uma das duas equipes e esta deve se levantar, girar, apoiando as mãos no solo, de modo que possa correr atrás do adversário que, ao ser tocado, deve parar de correr. O aluno que for tocado deverá passar para a outra equipe e assim sucessivamente.
- **Variações:** Pode-se realizar o jogo partindo de outras posições: em decúbito ventral, em decúbito dorsal, sentados de frente, desde que se garanta a saída com as mãos apoiadas.
- **Tema:** Capacidades físicas e habilidades motoras.

PEGA-PEGA NAS LINHAS

- **Disposição:** Os alunos iniciam o jogo posicionados sobre qualquer linha da quadra poliesportiva. Um dos alunos deve ser escolhido como o pega e deve estar usando um boné, para diferenciá-lo, de preferência de cor viva.
- **Desenvolvimento da atividade:** Ao sinal, inicia-se a brincadeira de pega-pega, e todos devem se deslocar sobre as linhas da quadra, só podendo mudar de linha por meio do ângulo formado pelo encontro de duas delas.
- **Variações:** Pode-se aumentar o número de pegas para que todos se mantenham em constante deslocamento sobre as linhas.
- **Tema:** Capacidades físicas e habilidades motoras.

MÃE DA RUA

- **Disposição:** Os alunos devem ser divididos em dois grupos de número igual de participantes. Cada um dos grupos deve se colocar em um dos lados, sobre a linha lateral da quadra de voleibol. Um dos alunos, denominado "Mãe da Rua", deve ir ao centro da quadra.
- **Desenvolvimento da atividade:** Os alunos devem passar de um lado para o outro da quadra, saltando num dos pés, enquanto o "Mãe da Rua" tenta alcançá-los. Quando um dos alunos for tocado por este, trocará de posição com ele, passando a ser o pegador.
- **Variações:** Pode-se aumentar o número de pegadores ou desenvolvê-lo como pega-ajuda. Uma variação bastante interessante é fazer marcações de círculos entre as laterais, de modo que os alunos passem de um lado para o outro, saltando somente dentro dos círculos, o que os obriga a realizar maior projeção do joelho da perna de chute.
- **Tema:** Capacidades físicas e habilidades motoras.

BATALHA DAS BOLAS

- **Disposição:** Os alunos devem ser divididos em dois grupos de número igual de participantes. Cada grupo deve se colocar dentro de um dos lados da quadra de voleibol separados pela rede. O maior número de alunos possível deve estar segurando uma bola, mantendo-se o equilíbrio entre os times.
- **Desenvolvimento da atividade:** Ao sinal do professor, os times devem lançar a bola por sobre a rede para o campo adversário, e, toda vez que uma bola cair para o seu lado, deve fazê-lo novamente, até que o professor apite. Nesse momento as equipes devem se sentar, não podendo mais tocar na bola. O time que tiver o menor número de bolas, do seu lado, será o vencedor.
- **Tema:** Capacidades físicas, habilidades motoras e ética.

REAGINDO AO SOM

- **Disposição:** Os alunos devem ser divididos em dois grupos que se sentam, com pernas unidas e semiestendidas, em duas colunas paralelas, atrás da linha de fundo da quadra poliesportiva, permanecendo o professor atrás do grupo com um apito ou claquete. Na frente dos dois grupos, na linha central da quadra, coloca-se uma bola.

- **Desenvolvimento da atividade:** Ao sinal sonoro, os alunos, que devem estar olhando para frente, levantam-se e partem em velocidade para tocar a bola antes de seu concorrente, o que permite o ganho de um ponto. Ganhará a equipe que fizer o maior número de pontos em determinado tempo.
- **Variações:** Pode-se realizar o jogo partindo-se de diferentes posições.
- **Tema:** Anabolizante.

RALI DE REGULARIDADE

- **Disposição:** Em cada canto da quadra poliesportiva, deve ser colocado um cone, ao redor dos quais os alunos devem realizar o percurso. Os alunos são divididos em duplas, e um realiza o percurso, enquanto o outro faz a tomada do tempo deste.
- **Desenvolvimento da atividade:** Quatro alunos partem de um dos cones para realizar o percurso de dez voltas. O objetivo não é conseguir chegar primeiro, mas sim manter o mesmo ritmo em cada uma das voltas, fazendo o percurso em tempos iguais.
- **Variações:** Pode-se realizar a mesma atividade colocando-se obstáculos no percurso. No entanto, deve ser observada a segurança para a realização da atividade.
- **Tema:** Capacidades físicas e ética.

ZONA DE PASSAGEM

- **Disposição:** Os alunos são divididos em duplas, e um dos dois porta o bastão. As linhas da quadra de voleibol são utilizadas como zona de passagem, e os alunos se colocam da seguinte forma:

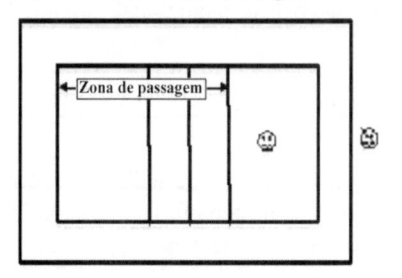

- **Desenvolvimento da atividade:** Ao sinal, os alunos, os que estão com o bastão e os que aguardam atrás da linha dos três metros, devem sair correndo e, antes de chegar ao final da "zona", realizar a passagem do bastão sem interromper a corrida. Para que isso ocorra, estes fazem o ajuste da distância entre eles, de modo que o aluno que vai receber o bastão não saia do quadrado de seis metros em que estão.
- **Variações:** Após o ajuste da velocidade entre as duplas, recomenda-se propor a realização da passagem do bastão pelos métodos: ascendente, não alternado, com troca de mão e descendente, alternado, sem troca de mão.
- **Tema:** Capacidades físicas e habilidades motoras.

CIRCUITO PARA O SALTO EM DISTÂNCIA

- **Disposição:** Os alunos devem ser colocados em fila única para a realização do circuito que tem a seguinte disposição:

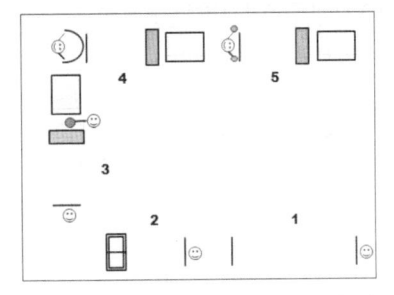

- Estação 1 – duas retas paralelas, desenhadas no chão com uma distância de 10 m ou mais entre elas, e o aluno se coloca atrás da primeira marca.
- Estação 2 – uma reta desenhada no chão e dois pedaços de tapete emborrachado, bem encaixados, a uma distância aproximada de 10 m ou mais entre eles, e o aluno se coloca atrás da reta.
- Estação 3 – uma reta desenhada no chão, uma tampa de plinto a uma distância aproximada de 10 m ou mais entre elas e um colchão de ginástica que é colocado logo após esta última, e o aluno está atrás da reta.
- Estação 4 – igual à de número 3, só que o aluno está segurando uma corda individual com ambas as mãos.
- Estação 5 – igual à de número 4, só que o aluno está segurando uma bolinha em cada uma das mãos.

- **Desenvolvimento da atividade:** Na estação 1, o aluno deve realizar uma corrida de velocidade, como se fosse se preparar para o salto. Na estação 2, realiza a corrida e faz a transformação corrida/salto, apoiando-se no tapete emborrachado e realizando um breve salto. Na estação 3, realiza a corrida, a transformação corrida/salto e deve, antes de cair ao solo, tocar com o joelho da perna de impulso uma bexiga que é segurada pelo professor ou por outro aluno. Na estação 4, realiza movimento similar ao da estação anterior, mas deve vir segurando a corda atrás do corpo e, ao realizar o salto, girá-la para frente, saltando sobre ela. Na estação 5, o movimento é similar ao da estação 4, mas após realizar o salto, deve tocar as duas bolinhas, conjuntamente, no colchão.
- **Variações:** Não havendo material suficiente, as atividades podem ser realizadas de modo individual. Não havendo tampa de plinto, os exercícios podem ser realizados com os tapetes emborrachados.
- **Tema:** Capacidades físicas e habilidades motoras.

PASSADA PARA O SALTO TRIPLO

- **Disposição:** Os alunos são divididos em três grupos que se colocam atrás de cada uma das sequências de tapetes, que estão dispostos numa distância de, aproximadamente, um metro entre eles.

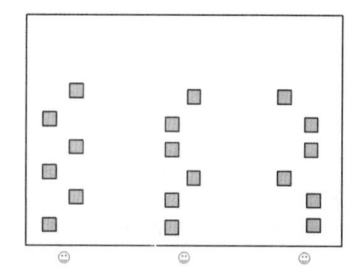

- **Desenvolvimento da atividade:** Os alunos devem realizar os saltos durante um determinado tempo, a critério do professor e observando o tempo necessário à prática de cada um dos grupos, considerando a sequência dos tapetes e identificando a sua "melhor" perna para a impulsão.
- **Variações:** As distâncias devem ser aumentadas conforme a habilidade de cada grupo.
- **Tema:** Capacidades físicas e habilidades motoras.

ARREMESSO COM BOLA

- **Disposição:** A disposição depende da quantidade de materiais e envolve a segurança dos alunos. Deve ser riscado no solo da quadra o setor de arremesso de peso. Para confeccionar o peso, devem ser usadas bolas de borracha número 6, que não estiverem mais em condição de uso, nas quais deve ser feito um pequeno rasgo e introduzidos areia e pesos de pescaria, até que se alcance o peso ideal, de acordo com a turma com que se pretende trabalhar.
- **Desenvolvimento da atividade:** Propõe-se a realização do arremesso de peso, partindo da posição parada, passando pelo deslocamento lateral e finalizando com o arremesso com giro, como propõem as obras específicas da área.
- **Tema:** Cuidados com o treinamento.

LANÇAMENTO COM PELOTA

- **Disposição:** A disposição depende da quantidade de materiais e envolve a segurança dos alunos. Deve ser riscado no solo da quadra o setor de lançamento de dardo. Para confeccionar o peso, devem ser usadas bolas de tênis de campo, que não estiverem mais em condição de uso, nas quais deve ser feito um pequeno rasgo e introduzidos areia e pesos de pescaria, até que se alcance o peso ideal, de acordo com a turma com que se pretende trabalhar.
- **Desenvolvimento da atividade:** Como a distância exigida para o lançamento de pelota é superior à da quadra poliesportiva, e não havendo outro local mais amplo para a realização da atividade, podem-se utilizar paredes nas quais são desenhados círculos que se pretende atingir com o lançamento.
- **Tema:** Cuidados com o treinamento.

3.8 Lutas

OBJETIVOS	CONTEÚDO	GESTOS ESPORTIVOS		ATIVIDADES	TEMAS	NECESSIDADES
Identificar a vivência do grupo no esporte (ação diagnóstica)	LUTAS	Habilidades básicas das modalidades de lutas		Pegar os lenços	Violência	Lenços
				Chutando bexigas		Bexigas
				Capturar a bola	Violência	Bolas de borracha e colchonetes
Vivenciar as habilidades relativas ao esporte com a participação de todos os alunos		Habilidades básicas das modalidades de lutas	Esquiva	Guerra das bolinhas		Bolinhas de quimbol ou de meia
			Socos	Socos com jornais		Jornais
				Socos *punchball*	Capacidades físicas e habilidades motoras	Bolas de borracha e sacos plásticos
			Contato	Manter a distância		
			Chutes variados	Chutes alternados		Colchonetes, bolas de borracha, sacos plásticos
Trabalhar força de membros superiores e inferiores		Jogos de conquista		Minissumô	Preconceito	Giz
				Disputa pelo bastão	Violência	Bastões de madeira de 30 ou 40 cm
Aprender os procedimentos para movimentos de queda		Quedas ventrais, dorsais e laterais e/ou com ou sem rolamentos		Processo pedagógico das quedas	Postura	Colchonetes
Aprimorar precisão e equilíbrio		Aprimorar habilidades básicas das modalidades de lutas	Chutes	Chutando alto		Bolas de borracha, sacos plásticos, cordas
			Socos	Acertar a corda	Capacidades físicas e habilidades motoras	
			Empurrões	Em uma perna só		
Proporcionar a vivência em lutas simuladas		Ataques e defesas		Atacar e defender	Preconceito	Prendedores de roupa, fita crepe
Compreender a origem e a evolução do esporte		Processo histórico		Vídeo e pesquisa	Violência e competição	Sala de vídeo

ATIVIDADES-LUTAS

PEGAR OS LENÇOS

- **Disposição:** Separar os alunos em duplas.
- **Desenvolvimento da atividade:** Prender um lenço no punho de um integrante da dupla, que tenta impedir que seu colega o retire, adotando uma postura defensiva. O outro integrante da dupla faz os "ataques" na tentativa de pegar o lenço. Não é permitido ao aluno com o lenço colocar ou manter os braços nas costas. Determinar um tempo e depois fazer a troca de parceiro.
- **Variações:** Colocar um lenço em cada punho. Colocar os lenços nos dois integrantes da dupla. Realizar a atividade em grupos. Utilizar cores para determinar equipes. Limitar espaços menores dificultando para quem está defendendo.
- **Tema:** Violência.

CHUTANDO BEXIGAS

- **Disposição:** Dispor os alunos na quadra.
- **Desenvolvimento da atividade:** Os alunos devem permanecer posicionados na quadra, e cada um recebe uma bexiga. A finalidade é controlar a bexiga sem deixá-la cair, utilizando os movimentos dos chutes. O professor deve pedir que os alunos executem a maior variedade de chutes que conseguirem, avaliando o repertório desse fundamento. Observar a manutenção de distância segura.
- **Variações:** Alternar a altura do chute: perna, quadril, costela, ombro e cabeça. Variar a técnica do chute: frontal, lateral, com a planta do pé, com o calcanhar. Realizar os chutes em movimento, trocando a perna de apoio. Realizar os chutes em duplas ou grupos, passando a bexiga um para o outro.
- **Tema:** Violência.

CAPTURAR A BOLA

- **Disposição:** Separar os alunos em duplas.

- **Desenvolvimento da atividade:** Utilizar os colchonetes para montar uma área de luta. Os alunos iniciam a atividade de joelhos, consequentemente indo para o chão. Um integrante da dupla fica com a bola. O defensor deve utilizar o corpo para protegê-la. O outro aluno da dupla tentará retirá-la de seu colega. Não é permitido ficar em pé ou executar qualquer tipo de reação bruta contra seu companheiro.
- **Variações:** Realizar a atividade em pares. Variar o tamanho das bolas.
- **Tema:** Violência.

GUERRA DAS BOLINHAS

- **Disposição:** Separar os alunos em grupos.
- **Desenvolvimento da atividade:** Dividir o grupo em dois. Alguns alunos ficam com as bolinhas, uma para cada um, e os outros devem se manter a uma distância de cinco a seis metros, de preferência contra uma parede. As bolinhas devem ser arremessadas na altura do tronco, evitando atingir a cabeça. A finalidade é fazer que o aluno se esquive apenas com o giro de quadril, sem sair do lugar ou retirando somente uma perna do chão. Trocar os parceiros depois de um determinado tempo.
- **Variações:** Realizar os arremessos alternando as mãos. Arremessar mais de uma bolinha ao mesmo tempo. Pedir aos alunos que tentem segurar as bolinhas arremessadas em vez de apenas esquivar-se delas.
- **Tema:** Capacidades físicas e habilidades motoras.

SOCOS COM JORNAIS

- **Disposição:** Separar os alunos em duplas.
- **Desenvolvimento da atividade:** Cada dupla recebe uma folha de jornal. Um integrante a segura por duas extremidades, deixando-a aberta e solta. O outro integrante da dupla executa os socos da metade da folha para baixo, evitando que ela se rasgue. A finalidade é realizar os socos com a maior velocidade possível, mantendo a folha elevada apenas com os movimentos. Aquele que estiver socando deve manter as pernas paralelas em afastamento lateral e os joelhos flexionados, em postura baixa. Manter os punhos na altura da cintura.

- **Variações:** Variar o posicionamento das pernas, utilizando o afastamento anteroposterior, isto é, uma perna à frente flexionada e a outra estendida atrás. Alternar a posição dos braços, mantendo-os em "guarda".
- **Tema:** Capacidades físicas e habilidades motoras.

SOCOS *PUNCHBALL*

- **Disposição:** Separar os alunos em duplas.
- **Desenvolvimento da atividade:** Colocar uma bola de borracha dentro de sacolas plásticas para simular um *punchball*. Cada dupla tem um *punchball*. Um integrante segura-o enquanto o outro executa os socos.
- **Variações:** Variar os socos: diretos, cruzados e curtos, utilizando a mão da frente num *jab*.
- **Tema:** Capacidades físicas e habilidades motoras.

MANTER A DISTÂNCIA

- **Disposição:** Separar os alunos em duplas.
- **Desenvolvimento da atividade:** Demarcar duas linhas paralelas com aproximadamente três metros de distância entre elas. Posicionar a dupla no centro, entre as linhas. Os alunos devem ficar com as mãos apoiadas nos ombros de seus parceiros. A finalidade é empurrar o parceiro para fora da área demarcada. Não é permitido desequilibrar ou puxar seu companheiro. Manter os braços estendidos.
- **Variações:** Manter os braços nas costas e realizar o exercício com apoio no tórax. Manter os braços estendidos e empurrar com a palma das mãos.
- **Tema:** Capacidades físicas e habilidades motoras.

CHUTES ALTERNADOS

- **Disposição:** Separar os alunos em duplas.
- **Desenvolvimento da atividade:** Os alunos devem permanecer posicionados frente a frente, mantendo a guarda alta. Mesma perna à frente: perna direita flexionada à frente e perna esquerda estendida atrás. Um dos alunos, na dupla, deve dobrar o colchonete e colocá-lo sobre a coxa

direita, local em que recebe o chute. O chute é realizado com a perna de trás, atingindo a coxa de seu parceiro com o "peito" do pé, ou seja, com a região dorsal. Pode-se fazer uma contagem dos chutes e depois efetuar a troca de parceiros. Não é permitido executar chutes muitos fortes. Enfatizar a velocidade na execução.

- **Variações:** Alternar a altura do chute: perna, quadril, costela, ombro e cabeça. Variar a técnica do chute: frontal, lateral, com a planta do pé e com o calcanhar. Realizar os chutes em movimento, trocando de base.
- **Tema:** Capacidades físicas e habilidades motoras.

MINISSUMÔ

- **Disposição:** Separar os alunos em duplas.
- **Desenvolvimento da atividade:** Fazer círculos na quadra com aproximadamente dois metros de diâmetro. Um para cada dupla. Os alunos devem ficar dentro do círculo, tentando empurrar seu parceiro para fora dele. O objetivo do jogo é permanecer dentro do círculo ou, ainda, não tocar outra parte do corpo no chão que não sejam os pés.
- **Variações:** Realizar a atividade com três participantes.
- **Tema:** Preconceito.

DISPUTA PELO BASTÃO

- **Disposição:** Separar os alunos em duplas.
- **Desenvolvimento da atividade:** Cada dupla segura dois bastões, pelas extremidades. A finalidade é conseguir a posse dos dois bastões realizando torções e puxadas.
- **Variações:** Aumentar o tamanho dos bastões. Realizar o exercício em trio. Permitir que os alunos se movimentem.
- **Tema:** Violência.

CHUTANDO ALTO

- **Disposição:** Separar os alunos em duplas.

- **Desenvolvimento da atividade:** Um dos alunos recebe uma sacola com uma bola dentro (*punchball*), devendo segurá-la e mantendo uma distância segura na altura em que seu parceiro pedir. O aluno que realiza os chutes deve manter a guarda alta, uma perna à frente flexionada e executar o chute com a perna posterior. Os chutes não devem ser executados com força, deve-se enfatizar a precisão do movimento. Pode-se fazer uma contagem dos chutes e depois efetuar a troca de parceiros.
- **Variações:** Alternar a altura do chute: costela, ombro e cabeça. Variar a técnica do chute: ponta do pé, lateral, com a planta do pé, com o calcanhar. Realizar os chutes em movimento, trocando a perna de apoio.
- **Tema:** Capacidades físicas e habilidades motoras.

ACERTAR A CORDA

- **Disposição:** Separar os alunos em duplas.
- **Desenvolvimento da atividade:** Cada dupla tem uma corda. Um integrante segura a corda por uma extremidade, deixando a outra solta. O outro executa os socos tentando acertar a corda que está em movimento devido aos socos. A finalidade é adquirir a precisão nos socos, além de uma sequencialidade dos movimentos em velocidade.
- **Variações:** Variar os socos: diretos, cruzados e curtos, utilizando a mão da frente como *jab*. Utilizar duas cordas para trabalho simultâneo.
- **Tema:** Capacidades físicas e habilidades motoras.

EM UMA PERNA SÓ

- **Disposição:** Separar os alunos em duplas.
- **Desenvolvimento da atividade:** Posicionar os alunos nas duplas em um pé só, mantendo ombro a ombro. Os braços devem estar cruzados no peito ou mantidos nas costas. A finalidade é empurrar e desequilibrar o companheiro com o ombro, fazendo-o colocar o outro pé no chão. Não é permitido empurrar com as mãos ou usar a perna flexionada para desequilibrar o parceiro.
- **Variações:** Permitir o uso das mãos para desequilibrar. Realizar o exercício em trios ou em grupos maiores.
- **Tema:** Capacidades físicas e habilidades motoras.

ATACAR E DEFENDER

- **Disposição:** Em duplas. Meninos e meninas separados.
- **Desenvolvimento da atividade:** Cada aluno recebe quatro prendedores ou tiras de 6 cm de fita crepe, que devem ser fixadas na roupa, na região do tórax. A finalidade é retirar as fitas de seu parceiro e defender as suas, atacando e defendendo. Em duplas, os alunos se posicionam um de frente para o outro, perna direita à frente, pés pelo lado de dentro da base de seu parceiro. Braço direito à frente, em guarda, e esquerdo nas costas. Não é permitido retirar o pé do lugar para se defender e fugir do ataque nem atacar a região da cabeça. As duplas podem fazer um rodízio, de forma que todos disputem várias vezes. Após um tempo, trocar a base de apoio, perna e braço esquerdos à frente.
- **Variações:** Utilizar os dois braços. Variar os locais para prender as fitas. Realizar a atividade em movimento. Delimitar espaços.
- **Tema:** Preconceito.

3.9 Danças

OBJETIVOS	CONTEÚDO	MOVIMENTOS	ATIVIDADES	TEMAS	NECESSIDADES
Compreender a história da dança, identificando a diversidade rítmica	DANÇAS	Processo histórico	Dançando na história	Cultura	Livros, internet e filmes, televisão, aparelho de som, CDs e sala ou quadra
Apresentar a história da dança por intermédio da vivência das danças					
Compreender a dança de salão e sua diversidade de estilos no percurso histórico		Movimentos característicos das diferentes danças de salão	Um passeio pela dança de salão		
Construir novas possibilidades de comunicação entre a dança e a cultura		Movimentos característicos das diferentes danças folclóricas	Um passeio pela dança folclórica	Cultura e preconceito	Aparelho de som, CDs e sala ou quadra
		Movimentos característicos das diferentes danças de rua	Um passeio pela dança de rua		
Criar coreografias baseadas em temas sociais contemporâneos escolhidos pelos alunos		Movimentos característicos relativos aos temas propostos	Um passeio pela sociedade	Qualidade de vida, sexualidade, violência, drogas, preconceito	Aparelho de som, CDs e sala ou quadra
Promover uma mostra de dança para a escola e a comunidade com o resultado do trabalho construído		Movimentos característicos relativos às diferentes danças	No palco da dança	Cultura e cooperação	Aparelho de som, CDs, diversos materiais propostos pelos alunos e espaço para a realização da mostra
Identificar os preconceitos de gênero e raciais presentes nas manifestações de dança			Análise e discussão de filme	Preconceito	Filme *O sol da meia-noite*, sala de vídeo

ATIVIDADES – DANÇA

DANÇANDO NA HISTÓRIA

- **Disposição:** De acordo com as características das danças pesquisadas, como em pares, em círculo etc.
- **Desenvolvimento da atividade:** O professor sugere que os alunos pesquisem na internet, em livros e filmes, a história da dança, enfatizando as de salão, a clássica e a moderna. Os grupos apresentam a pesquisa em diferentes formatos: vídeo, lousa, murais, entre outros. Num segundo momento, os alunos mostram as diversas danças em forma de oficinas, expondo os passos básicos.
- **Variações:** Os alunos podem recriar as danças apresentadas por meio de novos movimentos.
- **Tema:** Cultura.

UM PASSEIO PELA DANÇA DE SALÃO

- **Disposição:** De acordo com as características das danças pesquisadas, em geral em duplas.
- **Desenvolvimento da atividade:** Baseado no resultado da pesquisa realizada em relação à dança de salão, o professor ministra oficinas das danças escolhidas pelos alunos, como salsa, forró, tango etc.
- **Variações:** Os alunos fazem cenários e figurinos para cada dança de salão vivenciada, identificando e caracterizando os diferentes povos e as influências destes na formação das respectivas danças.
- **Tema:** Cultura e preconceito.

UM PASSEIO PELA DANÇA FOLCLÓRICA

- **Disposição:** De acordo com as características das danças pesquisadas.
- **Desenvolvimento da atividade:** O professor sugere uma nova pesquisa para os grupos de alunos sobre a relação da dança com a cultura brasileira, enfatizando as diferentes histórias populares. Num segundo momento,

os alunos apresentam as diversas danças em forma de oficinas, expondo os passos básicos, identificando a diversidade de manifestações culturais expressas nas diferentes regiões do Brasil.

- **Variações:** O professor pode estimular novas pesquisas e oficinas acerca da dança e da cultura internacionais.
- **Tema:** Cultura e preconceito.

UM PASSEIO PELA DANÇA DE RUA

- **Disposição:** De acordo com as características das danças pesquisadas.
- **Desenvolvimento da atividade:** O professor propicia a apresentação, para os alunos, de alguns grupos de dança de rua. Dessa experiência, são formados grupos de alunos que criam diferentes coreografias.
- **Variações:** O professor pode estimular a relação da dança de rua no Brasil e no mundo com os temas sociais contemporâneos.
- **Tema:** Cultura e preconceito.

UM PASSEIO PELA SOCIEDADE

- **Disposição:** De acordo com as características das coreografias construídas.
- **Desenvolvimento da atividade:** O professor deve listar temas geradores de interesse dos alunos, como preconceito, qualidade de vida, drogas, sexualidade e violência, para o desenvolvimento de coreografias que permitam que estes sejam expressos.
- **Variações:** Observar e realizar estudo acerca do interesse e da exploração da dança por meio da mídia na atualidade.
- **Tema:** Preconceito, qualidade de vida, drogas, sexualidade, violência ou outros identificados pelo grupo de alunos.

NO PALCO DA DANÇA

- **Disposição:** De acordo com as características das coreografias construídas.

- **Desenvolvimento da atividade:** O professor divide sua(s) turma(s) em grupos para que desenvolvam coreografias, aprofundando o trabalho realizado anteriormente. Os alunos escolhem temas debatidos em aulas para a composição e a apresentação destas. As coreografias podem ser apresentadas para a comunidade interna e externa da escola em uma mostra de dança. De preferência o professor deve tentar organizar o evento de modo que seja apresentada uma diversidade de ritmos e estilos de danças. É importante que todos os alunos participem da organização de todo o processo: coreografias, cenários, figurinos, adequados aos trabalhos.
- **Tema:** Cultura e cooperação.

3.10 Condicionamento físico

OBJETIVOS	CONTEÚDO	ATIVIDADES/ MOVIMENTOS	ATIVIDADES	TEMAS	NECESSIDADES
Conhecer os elementos necessários ao desenvolvimento da saúde para a qualidade de vida (ação diagnóstica)	CONDICIONAMENTO FÍSICO		Aula teórica inter-relacionando aos temas hábitos saudáveis, atividade física e nutrição	Alcoolismo e tabagismo, qualidade de vida, nutrição/suplementação	Sala de aula, retroprojetor ou data-show
			Questionário PAR-Q		Protocolo, canetas
			Devolutiva dos resultados do questionário aos alunos	Qualidade de vida	Sala de aula, retroprojetor ou data-show
Levar o aluno a ter consciência do próprio corpo		Avaliação antropométrica	Índice de Massa Corporal (IMC) e circunferência da cintura e do abdômen	Nutrição/suplementação e postura	Balança e fita métrica
			Aula teórica sobre as capacidades físicas força e flexibilidade		Sala de aula, retroprojetor ou data-show
			Membros inferiores – impulsão horizontal		Fita métrica, prancheta, protocolo e giz
Conhecer os elementos necessários ao desenvolvimento da condição física adequada			Membros superiores – arremesso de medicinebol		Fita métrica, medicinebol de 2 kg, prancheta e protocolo
		Testes físicos	Abdominais – repetições em 60 segundos		Colchonetes, prancheta e protocolo
			Flexibilidade – sentar-se e alcançar adaptado (sem banco)		Fita métrica de 1 m, fita adesiva, prancheta e protocolo
			Devolutiva dos resultados dos testes aos alunos		Sala de aula, retroprojetor ou data-show
Vivenciar exercícios que podem desenvolver a resistência muscular localizada		Resistência muscular localizada	Aula prática para vivência da resistência muscular localizada		Halteres, tornozeleira, colchonete e bastão
Vivenciar exercícios que podem desenvolver a flexibilidade		Flexibilidade	Aula prática para a vivência da flexibilidade		Colchonete e bolinha de massagem
Conhecer os elementos necessários ao desenvolvimento da condição física adequada			Aula teórica sobre as capacidades físicas resistência, velocidade e agilidade	Capacidades físicas	Sala de aula, retroprojetor ou data-show
Vivenciar exercícios que podem desenvolver a resistência aeróbia		Resistência aeróbica	Circuito de exercícios aeróbios		Bambolê, corda, bastão, bola de borracha e colchonete
Vivenciar exercícios que podem desenvolver a agilidade		Agilidade	Circuito de exercícios de agilidade		Cone, cone pequeno, corda, bola e bambolê
Aprender a aferir a frequência cardíaca			Aula teórica sobre a aferição da frequência cardíaca		Sala de aula, retroprojetor ou data-show
Conscientizar o aluno da importância da atividade física		Caminhada	Caminhada orientada com aferição da frequência cardíaca	Cuidados no treinamento	Cronômetros e espaço para a caminhada
Organizar um treinamento individualizado em conjunto com os alunos, considerando os resultados obtidos nos testes e os objetivos de cada um deles			Análise dos resultados obtidos e construção de treinamento individualizado		Sala de aula e resultados individuais dos testes

ATIVIDADES – CONDICIONAMENTO FÍSICO

QUESTIONÁRIO PAR-Q

- **Disposição:** Em sala de aula.
- **Desenvolvimento da atividade:** Esse teste foi desenvolvido pelos canadenses e denomina-se Questionário de Prontidão para a Atividade Física. Trata-se de um instrumento de triagem inicial para contraindicações à prática de exercícios, recomendado pela Sociedade Brasileira de Medicina do Esporte. Sendo assim, sugere-se a sua aplicação antes do início da prática de qualquer atividade física e não só naquelas relativas às propostas de condicionamento físico indicadas no presente livro. Esse questionário é composto por sete perguntas objetivas, para as quais se responde "sim" ou "não". Se alguma das questões for respondida como "sim", o respondente deve ser encaminhado a uma avaliação médica antes do início da realização das atividades (Carvalho *et al.* 1996).

PAR-Q

Nome / Data

1. Algum médico já disse que você possui problema de coração e lhe recomendou que só fizesse atividade física sob supervisão médica?
2. Você sente dor no peito, causada pela prática de atividade física?
3. Você sentiu dor no peito no último mês?
4. Você tende a perder a consciência ou cair, como resultado de tontura ou desmaio?
5. Você tem algum problema ósseo ou muscular que poderia ser agravado com a prática de atividade física?
6. Algum médico já lhe recomendou o uso de medicamentos para pressão arterial, circulação ou coração?
7. Você tem consciência, por sua própria experiência ou aconselhamento médico, de alguma outra razão física que impeça sua prática de atividade física sem supervisão médica?

- **Tema:** Qualidade de vida.

ÍNDICE DE MASSA CORPORAL (IMC) E CIRCUNFERÊNCIA DA CINTURA E DO ABDÔMEN

- **Disposição:** O desenvolvimento das atividades relativas às avaliações antropométricas é realizado individualmente de modo que cada aluno possa ser avaliado por medidas precisas. No entanto, tais procedimentos podem ser desenvolvidos por alunos, desde que recebam orientações e treinamento para tal.

- **Desenvolvimento da atividade:** Essas avaliações permitem que se obtenha uma estimativa em relação à composição corporal dos educandos, utilizando medidas relativamente simples. O Índice de Massa Corporal (IMC) é obtido pela seguinte relação: IMC = peso (kg) / estatura^2 (m^2) e, para a sua avaliação, deve-se observar a seguinte classificação:

VALORES DE REFERÊNCIA PARA O SEXO MASCULINO

Idade	BP	Normal	EP	OB
7 anos	< 12,96	12,96 – 17,87	17,87 – 21,83	> 21,83
8 anos	< 12,91	12,91 – 18,16	18,16 – 22,69	> 22,69
9 anos	< 12,95	12,95 – 18,57	18,57 – 23,67	> 23,67
10 anos	< 13,09	13,09 – 19,09	19,09 – 24,67	> 24,67
11 anos	< 13,32	13,32 – 19,68	19,68 – 25,58	> 25,58
12 anos	< 13,63	13,63 – 20,32	20,32 – 26,36	> 26,36
13 anos	< 14,02	14,02 – 20,99	20,99 – 26,99	> 26,99
14 anos	< 14,49	14,49 – 21,66	21,66 – 27,51	> 27,51
15 anos	< 15,01	15,01 – 22,33	22,33 – 27,95	> 27,95
16 anos	< 15,58	15,58 – 22,96	22,96 – 28,34	> 28,34
17 anos	< 16,15	16,15 – 23,56	23,56 – 28,71	> 28,71

BP = Baixo Peso; EP = Excesso de Peso; OB = Obesidade

Fonte: GAYA, A. e SILVA, G. (orgs.) (2007). *Projeto esporte Brasil: Manual de aplicação de medidas e testes. Normas e critérios de avaliação.* Porto Alegre: Ed. da UFRGS.

VALORES DE REFERÊNCIA PARA O SEXO FEMININO

Idade	BP	Normal	EP	OB
7 anos	< 13,10	13,10 – 17,20	17,20 – 19,81	> 19,81
8 anos	< 13,07	13,07 – 17,49	17,49 – 20,44	> 20,44
9 anos	< 13,16	13,16 – 17,96	17,96 – 21,28	> 21,28
10 anos	< 13,40	13,40 – 18,63	18,63 – 22,32	> 22,32
11 anos	< 13,81	13,81 – 19,51	19,51 – 23,54	> 23,54
12 anos	< 14,37	14,37 – 20,55	20,55 – 24,89	> 24,89
13 anos	< 15,03	15,03 – 21,69	21,69 – 26,25	> 26,25
14 anos	< 15,72	15,72 – 22,79	22,79 – 27,50	> 27,50
15 anos	< 16,35	16,35 – 23,73	23,73 – 28,51	> 28,51
16 anos	< 16,87	16,87 – 24,41	24,41 – 29,20	> 29,20
17 anos	< 17,22	17,22 – 24,81	24,81 – 29,56	> 29,56

BP = Baixo Peso; EP = Excesso de Peso; OB = Obesidade

Fonte: GAYA, A. e SILVA, G. (orgs.) (2007). *Projeto esporte Brasil: Manual de aplicação de medidas e testes. Normas e critérios de avaliação.* Porto Alegre: Ed. da UFRGS.

Já o índice da relação de medidas da cintura, que permite o prognóstico de risco de ataques cardíacos, é obtido pela tomada das medidas do perímetro da cintura, obtida na menor circunferência acima do umbigo e abaixo da última costela, e do perímetro do quadril, definido como a maior circunferência na região das nádegas, acima da prega glútea. O índice se obtém pela divisão da primeira pela segunda, e o prognóstico de risco pode ser observado na tabela a seguir, devendo-se observar, para os alunos do ensino médio, o índice de referência de 20 a 29 anos, como referência aproximada.

RELAÇÃO ENTRE CINTURA E QUADRIL

IDADE	RELAÇÃO ENTRE CINTURA E QUADRIL			
	RISCO			
	BAIXO	MODERADO	ALTO	MUITO ALTO
HOMENS				
20 a 29	< 0,83	0,83 a 0,88	0,89 a 0,94	> 0,94
30 a 39	< 0,84	0,84 a 0,91	0,92 a 0,96	> 0,96
40 a 49	< 0,88	0,88 a 0,95	0,96 a 1,00	> 1,00
50 a 59	< 0,90	0,90 a 0,96	0,97 a 1,02	> 1,02
60 a 69	< 0,91	0,91 a 0,98	0,99 a 1,03	> 1,03
MULHERES				
20 A 29	< 0,71	0,71 a 0,77	0,76 a 0,83	> 0,82
30 a 39	< 0,72	0,72 a 0,78	0,79 a 0,84	> 0,84
40 a 49	< 0,73	0,73 a 0,79	0,80 a 0,87	> 0,87
50 a 59	< 0,74	0,74 a 0,81	0,82 a 0,88	> 0,88
60 A 69	< 0,76	0,76 A 0,83	0,84 a 0,90	> 0,90

Fonte: HEYWARD, V.H. e STOLARCZYK, L.M. (1996). *Applied body composition assessment*. Champaign: Human Kinetics.

- **Tema:** Nutrição/suplementação e postura.

MEMBROS INFERIORES – IMPULSÃO HORIZONTAL

- **Disposição:** O aluno se coloca com os pés paralelos no ponto de partida (linha zero da fita métrica fixada no solo).
- **Desenvolvimento da atividade:** Pela voz de comando "atenção" ou "já", o aluno deve executar um salto no sentido horizontal, com impulsão simultânea de ambos os pés, objetivando atingir o ponto mais distante da fita

métrica. É permitida a movimentação livre de braços e tronco. São aferidas três tentativas, registrando-se as marcas atingidas pela parte anterior do pé (ponta do pé) que mais se aproximar do ponto de partida. Prevalecerá a de maior distância entre as três tentativas (Gaya e Silva 2007).

VALORES DE REFERÊNCIA PARA O SEXO MASCULINO

Idade	M. Fraco	Fraco	Razoável	Bom	M. Bom	Excelência
07 anos	< 98	98 – 109	110 – 120	121 – 131	132 – 157	≥ 158
08 anos	< 106	106 – 117	118 – 129	130 – 140	141 – 167	≥ 168
09 anos	< 114	114 – 126	127 – 137	138 – 149	150 – 177	≥ 178
10 anos	< 122	122 – 134	135 – 145	146 – 158	159 – 187	≥ 188
11 anos	< 130	130 – 143	144 – 154	155 – 167	168 – 197	≥ 198
12 anos	< 138	138 – 151	152 – 162	163 – 176	177 – 206	≥ 207
13 anos	< 145	145 – 159	160 – 171	172 – 185	186 – 216	≥ 217
14 anos	< 152	152 – 167	168 – 180	181 – 195	196 – 226	≥ 227
15 anos	< 159	159 – 175	176 – 189	190 – 204	205 – 236	≥ 237
16 anos	< 166	166 – 182	183 – 198	199 – 213	214 – 246	≥ 247
17 anos	< 172	172 – 190	191 – 207	208 – 223	224 – 256	≥ 257

Fonte: GAYA, A. e SILVA, G. (orgs.) (2007). *Projeto esporte Brasil: Manual de aplicação de medidas e testes. Normas e critérios de avaliação.* Porto Alegre: Ed. da UFRGS.

VALORES DE REFERÊNCIA PARA O SEXO FEMININO

Idade	M. Fraco	Fraco	Razoável	Bom	M. Bom	Excelência
07 anos	< 86	86 – 95	96 – 105	106 – 117	118 – 146	≥ 147
08 anos	< 95	95 – 104	105 – 115	116 – 127	128 – 155	≥ 156
09 anos	< 102	102 – 113	114 – 123	124 – 136	137 – 164	≥ 165
10 anos	< 109	109 – 120	121 – 131	132 – 144	145 – 172	≥ 173
11 anos	< 114	114 – 125	126 – 136	137 – 150	151 – 179	≥ 180
12 anos	< 118	118 – 130	131 – 141	142 – 155	156 – 186	≥ 187
13 anos	< 120	120 – 133	134 – 145	146 – 159	160 – 191	≥ 192
14 anos	< 121	121 – 135	136 – 147	148 – 161	162 – 195	≥ 196
15 anos	< 122	122 – 135	136 – 148	149 – 162	163 – 198	≥ 199
16 anos	< 122	122 – 135	136 – 148	149 – 162	163 – 199	≥ 200
17 anos	< 122	122 – 135	136 – 148	149 – 162	163 – 199	≥ 200

Fonte: GAYA, A. e SILVA, G. (orgs.) (2007). *Projeto esporte Brasil: Manual de aplicação de medidas e testes. Normas e critérios de avaliação.* Porto Alegre: Ed. da UFRGS.

- **Variações:** Manter o protocolo, pois há tabelas de classificação para poder comparar o desenvolvimento dessa capacidade.
- **Tema:** Capacidades físicas.

MEMBROS SUPERIORES – ARREMESSO DE MEDICINEBOL

- **Disposição:** Fita métrica estendida no chão, com o ponto zero na parede. O avaliado deve permanecer sentado no chão com a região posterior do tronco apoiada na parede e as pernas estendidas. Segurar a medicinebol (dois quilos) no tórax.
- **Desenvolvimento da atividade:** Ao comando "já!", o avaliado executa a extensão dos braços procurando arremessar a medicinebol o mais longe possível, sendo computado como resultado o ponto onde a bola tocou no solo pela primeira vez. Para melhor visualização, a bola deve ser envolvida por um pó, com uma cor que identifique com precisão o local da queda (Gaya e Silva 2007).

VALORES DE REFERÊNCIA PARA O SEXO MASCULINO

Idade	M. Fraco	Fraco	Razoável	Bom	M. Bom	Excelência
07 anos	< 149	149 – 162	163 – 178	179 – 200	201 – 231	≥ 232
08 anos	< 160	160 – 176	177 – 195	196 – 220	221 – 265	≥ 266
09 anos	< 174	174 – 194	195 – 216	217 – 244	245 – 302	≥ 303
10 anos	< 192	192 – 216	217 – 241	242 – 272	273 – 343	≥ 344
11 anos	< 213	213 – 241	242 – 271	272 – 306	307 – 388	≥ 389
12 anos	< 238	238 – 271	272 – 305	306 – 344	345 – 437	≥ 438
13 anos	< 267	267 – 305	306 – 343	344 – 387	388 – 488	≥ 489
14 anos	< 301	301 – 344	345 – 385	386 – 434	435 – 543	≥ 544
15 anos	< 340	340 – 389	390 – 432	433 – 487	488 – 601	≥ 602
16 anos	< 384	384 – 438	439 – 483	484 – 544	545 – 662	≥ 663
17 anos	< 434	434 – 494	495 – 538	539 – 606	607 – 726	≥ 727

Fonte: GAYA, A. e SILVA, G. (orgs.) (2007). *Projeto esporte Brasil: Manual de aplicação de medidas e testes. Normas e critérios de avaliação.* Porto Alegre: Ed. da UFRGS.

VALORES DE REFERÊNCIA PARA O SEXO FEMININO

Idade	M. Fraco	Fraco	Razoável	Bom	M. Bom	Excelência
07 anos	< 132	132 – 146	147 – 156	157 – 172	173 – 210	≥ 211
08 anos	< 148	148 – 166	167 – 181	182 – 200	201 – 246	≥ 247
09 anos	< 165	165 – 186	187 – 205	206 – 227	228 – 280	≥ 281
10 anos	< 181	181 – 206	207 – 228	229 – 253	254 – 311	≥ 312
11 anos	< 198	198 – 225	226 – 250	251 – 277	278 – 341	≥ 342
12 anos	< 215	215 – 243	244 – 270	271 – 299	300 – 367	≥ 368
13 anos	< 232	232 – 260	261 – 289	290 – 319	320 – 391	≥ 392
14 anos	< 249	249 – 277	278 – 306	307 – 338	339 – 411	≥ 412
15 anos	< 266	266 – 293	294 – 322	323 – 354	355 – 428	≥ 429
16 anos	< 284	284 – 308	309 – 336	337 – 368	369 – 441	≥ 442
17 anos	< 302	302 – 322	323 – 347	348 – 380	381 – 450	≥ 451

Fonte: GAYA, A. e SILVA, G. (orgs.) (2007). *Projeto esporte Brasil: Manual de aplicação de medidas e testes. Normas e critérios de avaliação.* Porto Alegre: Ed. da UFRGS.

- **Variações:** Manter o protocolo, pois há tabela de classificação.
- **Tema:** Capacidades físicas.

ABDOMINAIS – REPETIÇÕES EM 60 SEGUNDOS

- **Disposição:** O aluno se coloca em decúbito dorsal em um colchonete com o quadril e os joelhos flexionados, e a planta dos pés no solo. Os antebraços são cruzados sobre a face anterior do tórax, com as pontas dos dedos tocando na clavícula. Manter a posição dos braços durante toda a execução do teste. Os pés devem ser seguros por um colaborador para mantê-los em contato com o solo. Permite-se um pequeno afastamento entre os pés, alinhados na distância do diâmetro bitrocanteriano.

- **Desenvolvimento da atividade:** Por contração da musculatura abdominal, o avaliado se curva à posição sentada, pelo menos até o nível em que ocorra o contato da face anterior dos antebraços com as coxas, e retorna à posição inicial (em decúbito dorsal) até que pelo menos a metade anterior das escápulas toque o solo. O início se dá por meio da voz de comando "atenção, já!" e "pare" após 60 s. O resultado é o número de movimentos executados corretamente em 60 s.

- **Variações:** Pequena pausa entre as repetições é permitida. O avaliado deve saber disso antes de iniciar o teste. O objetivo, porém, é alcançar o maior número de repetições possíveis em 60 s.

VALORES DE REFERÊNCIA PARA O SEXO MASCULINO

Idade	M. Fraco	Fraco	Razoável	Bom	M. Bom	Excelência
07 anos	< 16	16 – 19	20 – 23	24 – 28	29 – 39	≥ 40
08 anos	< 18	18 – 21	22 – 25	26 – 31	32 – 42	≥ 43
09 anos	< 20	20 – 23	24 – 28	29 – 33	34 – 44	≥ 45
10 anos	< 21	21 – 25	26 – 29	30 – 35	36 – 46	≥ 47
11 anos	< 23	23 – 27	28 – 31	32 – 37	38 – 48	≥ 49
12 anos	< 25	25 – 29	30 – 33	34 – 38	39 – 50	≥ 51
13 anos	< 26	26 – 30	31 – 35	36 – 40	41 – 52	≥ 53
14 anos	< 28	28 – 32	33 – 36	37 – 42	43 – 54	≥ 55
15 anos	< 29	29 – 33	34 – 38	39 – 43	44 – 56	≥ 57
16 anos	< 30	30 – 34	35 – 39	40 – 45	46 – 58	≥ 59
17 anos	< 30	30 – 34	35 – 40	41 – 46	47 – 59	≥ 60

Fonte: GAYA, A. e SILVA, G. (orgs.) (2007). *Projeto esporte Brasil: Manual de aplicação de medidas e testes. Normas e critérios de avaliação.* Porto Alegre: Ed. da UFRGS.

VALORES DE REFERÊNCIA PARA O SEXO FEMININO

Idade	M. Fraco	Fraco	Razoável	Bom	M. Bom	Excelência
07 anos	< 14	14 – 18	19 – 21	22 – 26	27 – 40	≥ 41
08 anos	< 15	15 – 19	20 – 23	24 – 28	29 – 41	≥ 42
09 anos	< 16	16 – 20	21 – 24	25 – 29	30 – 42	≥ 43
10 anos	< 17	17 – 21	22 – 25	26 – 30	31 – 43	≥ 44
11 anos	< 18	18 – 22	23 – 26	27 – 31	32 – 43	≥ 44
12 anos	< 19	19 – 23	24 – 27	28 – 32	33 – 44	≥ 45
13 anos	< 19	19 – 23	24 – 28	29 – 33	34 – 45	≥ 46
14 anos	< 20	20 – 24	25 – 29	30 – 34	35 – 46	≥ 47
15 anos	< 20	20 – 24	25 – 29	30 – 34	35 – 47	≥ 48
16 anos	< 20	20 – 24	25 – 29	30 – 34	35 – 48	≥ 49
17 anos	< 21	21 – 25	26 – 30	31 – 35	36 – 48	≥ 49

Fonte: GAYA, A. e SILVA, G. (orgs.) (2007). *Projeto esporte Brasil: Manual de aplicação de medidas e testes. Normas e critérios de avaliação.* Porto Alegre: Ed. da UFRGS.

■ **Tema:** Capacidades físicas.

FLEXIBILIDADE – SENTAR-SE E ALCANÇAR ADAPTADO (SEM BANCO)

- ■ **Disposição:** Estender a fita, fixando-a no solo. Sentar-se descalço, com o ponto zero da fita métrica entre as pernas e os calcanhares na marca dos 38 cm. Calcanhares em afastamento de 30 cm, joelhos estendidos, mãos sobrepostas com os dedos médios alinhados (Gaya e Silva 2007).

- ■ **Desenvolvimento da atividade:** O avaliado inclina o tronco para a frente, sem flexionar os joelhos, tentando alcançar a maior distância possível sobre a trena. Não é permitido executar insistências (balanço com o corpo), e o movimento deve ser contínuo. São permitidas duas tentativas, registrando-se o melhor resultado (Gaya e Silva 2007).

VALORES DE REFERÊNCIA PARA O SEXO MASCULINO

Idade	M. Fraco	Fraco	Razoável	Bom	M. Bom	Excelência
07 anos	< 25	25 – 28	29 – 33	34 – 37	38 – 49	≥ 50
08 anos	< 25	25 – 28	29 – 33	34 – 37	38 – 49	≥ 50
09 anos	< 25	25 – 28	29 – 33	34 – 37	38 – 49	≥ 50
10 anos	< 25	25 – 28	29 – 33	34 – 38	39 – 49	≥ 50
11 anos	< 25	25 – 29	30 – 33	34 – 38	39 – 49	≥ 50
12 anos	< 25	25 – 29	30 – 34	35 – 38	39 – 49	≥ 50
13 anos	< 25	25 – 29	30 – 34	35 – 38	39 – 49	≥ 50
14 anos	< 25	25 – 29	30 – 34	35 – 39	40 – 49	≥ 50
15 anos	< 25	25 – 29	30 – 34	35 – 39	40 – 49	≥ 50
16 anos	< 25	25 – 29	30 – 35	36 – 40	41 – 49	≥ 50
17 anos	< 25	25 – 29	30 – 35	36 – 40	41 – 49	≥ 50

Fonte: GAYA, A. e SILVA, G. (orgs.) (2007). *Projeto esporte Brasil: Manual de aplicação de medidas e testes. Normas e critérios de avaliação.* Porto Alegre: Ed. da UFRGS.

VALORES DE REFERÊNCIA PARA O SEXO FEMININO

Idade	M. Fraco	Fraco	Razoável	Bom	M. Bom	Excelência
07 anos	< 26	26 – 29	30 – 33	34 – 37	38 – 49	≥ 50
08 anos	< 26	26 – 29	30 – 34	35 – 38	39 – 49	≥ 50
09 anos	< 26	26 – 29	30 – 34	35 – 38	39 – 49	≥ 50
10 anos	< 26	26 – 30	31 – 35	36 – 39	40 – 49	≥ 50
11 anos	< 26	26 – 30	31 – 35	36 – 39	40 – 49	≥ 50
12 anos	< 26	26 – 30	31 – 36	37 – 41	42 – 49	≥ 50
13 anos	< 26	26 – 30	31 – 36	37 – 41	42 – 49	≥ 50
14 anos	< 26	26 – 30	31 – 36	37 – 42	43 – 49	≥ 50
15 anos	< 26	26 – 30	31 – 36	37 – 42	43 – 49	≥ 50
16 anos	< 26	26 – 30	31 – 36	37 – 42	43 – 49	≥ 50
17 anos	< 26	26 – 30	31 – 36	37 – 42	43 – 49	≥ 50

Fonte: GAYA, A. e SILVA, G. (orgs.) (2007). *Projeto esporte Brasil: Manual de aplicação de medidas e testes. Normas e critérios de avaliação.* Porto Alegre: Ed. da UFRGS.

- **Variações:** Manter o protocolo, pois há tabela de classificação.
- **Tema:** Capacidades físicas.

ATIVIDADES PARA O DESENVOLVIMENTO DE RESISTÊNCIA MUSCULAR LOCALIZADA

- **Disposição:** Os alunos desenvolvem individualmente a atividade, observando as propostas do professor.
- **Desenvolvimento da atividade:**
    - Membro inferior – em decúbito frontal, flexão de joelhos; em decúbito lateral, extensão de quadril; em pé, flexão e extensão do calcanhar.

- Posição em pé, executar uma corrida no lugar, tentando alternadamente tocar o calcanhar na região glútea. A atividade pode ser feita de maneira rápida ou lenta, sendo executada em forma de séries. A mesma posição da atividade anterior, executando alternadamente elevação dos joelhos à frente até a altura da cintura.
- Executar saltos horizontais alternadamente com pernas esquerda e direita até uma distância de 10 m. Fazer em forma de séries.

■ **Variações:** As atividades 2 e 3 podem ser realizadas com pequenos deslocamentos (corridas) lentos ou rápidos.

■ **Tema:** Capacidades físicas.

ATIVIDADES PARA O DESENVOLVIMENTO DA FLEXIBILIDADE

■ **Disposição:** A flexibilidade é atingida executando a maior amplitude de cada articulação, seja nas flexões, seja nas extensões.

■ **Desenvolvimento da atividade:**

- Anterior da coxa – Segurar o calcanhar da perna direita com a mão direita. Executar o movimento de tocar o calcanhar direito na região glútea com auxílio da mão, segurar por 10 s. Alternar as pernas e mãos.
- Em pé, estender os braços para cima e inclinar o tronco até que a ponta dos dedos fique próxima do solo ou o toque.
- Sentado, flexionar um dos joelhos e, com auxílio das duas mãos, forçar até que ele toque o tórax. Alternar as pernas.

■ **Variações:** Trabalhar todas as articulações, procurando sempre atingir a maior amplitude possível.

■ **Tema:** Capacidades físicas.

CIRCUITO DE EXERCÍCIOS AERÓBIOS

■ **Disposição:** Vários pontos demarcados e com descrição do exercício a ser realizado em cada ponto (estação). Os exercícios são contínuos durante o tempo estabelecido, podendo ser de 20, 30 ou 40 s de esforço pelo mesmo tempo de descanso, variando entre esforço e descanso.

- **Desenvolvimento da atividade:** Circuito com nove estações:
  1. Abdominal – sentado, executar o movimento de elevar o tronco e flexionar os joelhos simultaneamente, abraçando-os.
  2. Pernas e braços – com uma corda, executar saltitamentos com deslocamento.
  3. Braços – medicinebol, executar arremessos contra uma parede.
  4. Pernas – duas linhas paralelas com distância de aproximadamente 60 cm, executar saltos de um lado para outro das linhas com os pés juntos.
  5. Braços – apoiado com as duas mãos e os joelhos no chão, executar o movimento de flexão e extensão dos braços.
  6. Geral – numa distância de 5 m, com três cones (garrafa de plástico), executar corridas de ida e volta, fazendo a figura do número oito.
  7. Agilidade – em pé, executar o movimento de sentar-se, girar e levantar-se.
  8. Habilidade – com uma bola, executar deslocamentos com características de um esporte.
  9. Geral – com vários círculos desenhados no chão, executar a travessia saltando e voltar com corrida até o início.
- **Variações:** As estações podem ser distribuídas para permitir que o circuito seja executado de maneira contínua, da primeira estação para a última, fazendo os descansos necessários. A atividade pode ser feita também em forma de séries.
- **Tema:** Capacidades físicas.

CIRCUITO DE EXERCÍCIOS DE AGILIDADE

- **Disposição:** Disposição das estações sempre com mudanças de direção e movimentos corporais em diferentes posições.
- **Desenvolvimento da atividade:** 1) Variações de corridas com mudanças de direção conduzindo uma bola, com os pés ou com as mãos. 2) Saltitamentos com deslocamentos. 3) Rolamentos no solo com arremessos ou chutes, acertando um alvo predefinido. 4) Esquivar de várias bolas jogadas ao mesmo tempo para cima, tentando passar por baixo do maior número das que estiverem quicando mais alto.
- **Tema:** Capacidades físicas.

CAMINHADA ORIENTADA COM AFERIÇÃO DA FC _____

- **Disposição:** A frequência cardíaca (FC) deve ser aferida em repouso. Pedir para os alunos ficarem deitados por cinco minutos antes da aferição; em seguida, aferir a FC. Sempre é indicado verificar a frequência no início, no meio e no final da atividade. Para graduar a intensidade, é indicado saber a frequência cardíaca máxima (FCM). Exemplo: 220 - idade = FCM. No caso de um aluno de 18 anos: 220 - 18 = 202, a frequência cardíaca máxima. Com base nessa frequência, para executar atividades aeróbias, utiliza-se de 65% a 75% da FCM. Assim, faz-se a seguinte operação: 202 x % escolhida; exemplo: 202 x 70% = 141 frequências. Essa é a intensidade que se deve executar em corridas aeróbicas.

- **Desenvolvimento da atividade:** Em uma caminhada ou corrida, sempre observar os alunos que estiverem se sentindo mais ofegantes e verificar se eles não estão passando do percentual estabelecido. A caminhada ou a corrida orientada devem ser de acordo com a intensidade programada. O que vai determinar o ritmo da caminhada ou da corrida é a frequência cardíaca estabelecida. O tempo de caminhada ou de corrida segue o percentual de esforço programado.

- **Variações:** Baixo percentual e baixo ritmo, maior tempo de atividade. Para intensidade (ritmo) e percentual da FC mais altos, deve-se estabelecer menor tempo de atividade. Nessa atividade, pode-se iniciar com o percentual mais baixo e ir aumentando até os 70%; em seguida diminuir para percentuais mais baixos. O treinamento baseado em percentual de esforço traz segurança para o aluno, pois ele se exercita dentro da faixa estabelecida para sua idade, bem como lhe permite sentir a intensidade do esforço, podendo graduar o tempo que vai se exercitar. Nesse particular, a seguir há um quadro que orienta as atividades e as intensidades para diversos grupos de indivíduos.

- **Tema:** Cuidados no treinamento.

Quadro 1: Prescrições de exercícios físicos para diferentes categorias de indivíduos

PRESCRIÇÕES DE EXERCÍCIOS FÍSICOS PARA DIFERENTES CATEGORIAS DE INDIVÍDUOS			
ELEMENTOS DA PRESCRIÇÃO	SEDENTÁRIOS E CARDÍACOS	OBESOS	ATLETAS E PESSOAS ATIVAS
SISTEMA CARDIOVASCULAR			
INTENSIDADE (% FCM)	60 – 80	60 – 75	75 – 90
DURAÇÃO (min.)	45 – 15	60 – 35	120 – 60
FREQUÊNCIA SEMANAL	3 – 5	3 – 6	5 – 7
TIPOS DE ATIVIDADES	CAMINHADAS E EXERCÍCIOS	CAMINHADAS E EXERCÍCIOS	CAMINHADAS E CORRIDAS
VIAS ENERGÉTICAS	AERÓBIA	AERÓBIA	MISTA
SISTEMA NEUROMUSCULAR			
TREINAMENTO COM	CIRCUITO	CIRCUITO	CIRCUITO
(% DA CARGA MÁXIMA)	40 – 60%	50 – 60%	60 – 75%
REPETIÇÕES DO CIRCUITO	2 – 3	2 – 3	4 – 6
SEGMENTOS CORPORAIS	ALTERNADOS	ALTERNADOS	MISTO
ADERÊNCIA AO EXERCÍCIO	MOTIVÁ-LOS SEMPRE	MOTIVÁ-LOS SEMPRE	DISCUTIR O EXERCÍCIO
CONTROLE	FREQUENTE	PERIÓDICO	DE ACORDO COM O ESFORÇO

Fonte: CESAR, M.C.; BORIN, J.P. e PELLEGRINOTTI, I.L. (2008). "Educação física e treinamento esportivo". In: DE MARCO, A. Educação física: Cultura e sociedade. 2ª ed. Campinas: Papirus.

4. Trabalhando com temas

O grupo de trabalho que desenvolveu o presente livro, em decorrência da discussão realizada, estabeleceu como critério somente tratar de temas que pudessem ser abordados por conteúdos/atividades que caracterizam o universo de conhecimento da educação física e dos esportes e que foram desenvolvidos no projeto. Assim, nem todos os temas escolhidos pelos alunos do ensino médio puderam ser tratados nessa proposta.

Outro lembrete que se faz necessário, na menção do presente item, diz respeito a valores que consideramos importantes e que devem estar presentes no desenvolvimento das aulas de educação física no ensino médio, valores muitas vezes enfocados de forma inadequada, seja pela mídia, seja pela própria história complicada do trabalho da disciplina curricular ao longo do tempo na escola. Daí a preocupação com os assuntos a seguir.

4.1 Violência

O tema violência é enfocado em atividades relativas às modalidades de futsal, futebol de campo, lutas e danças, observando-se as diversas formas de como ele pode ser tratado.

Nas modalidades de futsal e futebol, esse tema pode ser analisado e discutido com a observação de um jogo de campeonato oficial, em sua estrutura, e, com base nisso, a presença e o comportamento das torcidas de ambos os times. Como se comportam os torcedores entre si e em relação aos adversários? Quais expressões e/ou manifestações, tanto na fala quanto nos gestos corporais, podem ser identificadas e o que elas revelam? Quantas famílias podem ser enumeradas nas arquibancadas? Quais são as composições de faixa etária e de gênero mais presentes nos jogos? Há diferenças, por exemplo, do comportamento das torcidas em diferentes esportes, como futebol, voleibol e basquete?

Da mesma forma, podem-se enfocar o contexto do esporte, o valor da disciplina, o respeito ou não aos torcedores por parte dos atletas, à equipe adversária e a outros profissionais ali envolvidos. Pode-se refletir sobre a importância da equipe adversária, no sentido de jogar *com* e não *contra* o outro, como já afirmava Broto (1997).

Vimos que no jogo "Corredor de sobrevivência", o tema pode ser enfocado, uma vez que o aluno é, de certo modo, "massacrado" pelas bolas lançadas e chutadas pelos demais. Justamente por conta disso, o professor deve mediar a atividade e salientar que a bola não pode ser chutada com muita força, evitando a violência na brincadeira.

Nas atividades relativas às lutas, podemos observar a constante presença da possibilidade de ações de agressividade. É importante enfatizar aqui a necessidade de cumprir as regras do jogo, o que vai determinar a ação adequada dos participantes. É fundamental que os praticantes das diversas formas de luta conheçam a filosofia de cada modalidade, o que vai assegurar sua prática adequada.

O professor de educação física ainda pode comentar e refletir, com os alunos, os programas de "vale tudo", muito divulgados pela mídia, levando-os a estes questionamentos: Qual o sentido de lutar? Tudo pode ser válido no momento em que se luta? A sobrevivência, na luta, depende da extinção do oponente? Enfim, a luta deve ser encarada como um conhecimento da educação física, um esporte, e não como uma forma compensatória de agressão ao outro.

Já a proposta realizada na atividade "Um passeio pela sociedade", do conteúdo danças, permite a expressão corporal de situações vividas cotidianamente pelos jovens, relativas a diversificadas formas de violência. Por sinal, pode-se aí abrir um espaço de discussão: luta, dança e esporte podem ser arte? A manifestação de uma prática de capoeira pode ser enquadrada nos três elementos mencionados anteriormente?

Se é sabido que violência gera violência, a educação física pode, pelas práticas das modalidades esportivas, das danças e das lutas, contribuir não para negar ou mascarar a violência, mas sim para mostrar que ela pode ser identificada como algo que degrada o ser humano.

4.2 Alcoolismo, tabagismo e drogas

Ao assistirmos ao filme *Boleiros*, atividade proposta no conteúdo futebol, podemos verificar a relação entre prática desportiva e consumo de bebidas e cigarros. Assim, no debate posterior que se propõe, tal situação pode ser revelada, observando-se os hábitos de ex-atletas e sua condição de saúde. Faz-se importante trabalhar os aspectos relacionados a seu treinamento e desenvolvimento, pois sabemos que estes sofrem a influência direta de vários fatores, entre eles o consumo de álcool e tabaco. Trabalhar com dados relativos à interferência negativa desses hábitos no alcance da saúde e da qualidade de vida é essencial para que se possa atingir tal condição.

Do mesmo modo que a atividade proposta em danças, "Um passeio pela sociedade" permite a expressão corporal de situações vividas cotidianamente pelos jovens relativas a diversificadas formas de consumo de álcool, tabaco e drogas. Para a construção coreográfica, é relevante que se discuta e compreenda com profundidade o tema. Projetos de dança, entre pessoas das mais variadas faixas etárias e de diferentes padrões econômicos, podem contribuir para afastá-las das drogas e do alcoolismo?

Quando da proposta das atividades de condicionamento físico, o professor deverá ressaltar os problemas causados pelo álcool, pelo fumo e pelas drogas à corporeidade saudável. Todos os elementos descritos para o cuidado com o corpo são afetados negativamente pela presença habitual dessas substâncias.

O esporte, conhecido e praticado de forma abrangente, cria hábitos saudáveis, desde que orientado adequadamente por profissionais competentes. Não será essa a tarefa do professor de educação física no ensino médio? A possibilidade de o aluno dessa fase de escolarização praticar esportes, independentemente de uma *performance* de alto rendimento, pode contribuir para a incorporação de hábitos que conquistem e preservem a qualidade de vida.

4.3 Preconceito

Quando relacionamos a prática esportiva, no conceito por nós proposto de uma abrangência mais significativa, com o tema preconceito, podemos caminhar por duas trilhas: a primeira diz respeito às questões de classe social, gênero e raça; a segunda, às possibilidades motoras de participação nas atividades.

Apenas como exemplo, ainda no filme *Boleiros*, é possível encontrar no universo do futebol a marginalização da mulher, o preconceito contra o jogador negro por parte da polícia e a ideia de que jogador de futebol não sabe se expressar e raciocinar. O que significa tudo isso? Os jogadores que melhor se manifestam para a imprensa, no que se refere a um discurso lógico, como são tratados pelos representantes das comunicações?

Quais são as diferenças entre um profissional homem e uma profissional mulher, no universo futebolístico, no que diz respeito a vencimentos? Por que, ainda hoje, há práticas de modalidades esportivas que são consideradas mais femininas e outras que são consideradas mais masculinas? Quando as mulheres puderam ter acesso aos Jogos Olímpicos? Como se observa, essa primeira vertente pode ser muito explorada pelos professores de educação física em sua função educativa.

Já na segunda trilha, a relacionada com os esportes adaptados, como o voleibol sentado, o golbol, o basquetebol adaptado e o futebol de sete, a partir do momento em que os alunos vivenciam as facilidades e as dificuldades em executar as ações motoras necessárias ao jogo, bem como o que é ter algum tipo de deficiência, propicia-se a discussão de tal tema. Nesses jogos, o mais importante é a possibilidade da inclusão dos portadores de deficiência no ato de jogar.

Com base nessa discussão, pode-se pensar na inclusão, não só no cenário desportivo, mas também na sociedade. Acreditamos que isso contribuiria para que a população jovem superasse alguns preconceitos, por esse novo olhar para o deficiente, vivenciado e percebido por meio de tais atividades. Essa é uma temática que, principalmente nas atividades adaptadas, pode nos mostrar o quão importante é a prática de exercícios físicos pelas pessoas portadoras de deficiência, propiciando-lhes a percepção de seu próprio corpo.

Outra forma de o professor de educação física contribuir para a reflexão sobre preconceitos é associar as práticas esportivas aos biótipos dos alunos, abordando questões como: só altos podem praticar voleibol hoje? Só baixos devem fazer a função de armadores em basquetebol?

Só magros podem praticar esportes? Na história da educação física, o "gordinho" só podia ser goleiro? Por que isto ou aquilo é o mais adequado? O professor pode propiciar a prática das mais variadas atividades esportivas, exigindo que os alunos sempre troquem de posições e mesmo criando regras que favoreçam a maior participação e a mais larga vivência de diferentes funções exigidas no esporte em questão.

Experimentar um número mais elevado de atividades motoras, provavelmente, contribuirá para que um maior número de alunos seja motivado a participar das aulas. Obviamente, não há problemas em ter um aluno que, por ser mais alto, seja escalado pelo seu professor para jogar como pivô ou, então, para jogar como goleiro no futebol de campo, mesmo porque a escola é o lugar mais adequado para que ele possa vivenciar outras posições e se apropriar de novas funções, tanto técnica quanto taticamente.

Outro filme que pode ser analisado nesse item, agora relacionado à prática da dança, é *O sol da meia-noite*, no qual se identificam os preconceitos de gênero e racial nas manifestações da dança, permitindo a discussão e, talvez, a superação do tema pela vivência corporal.

Nesse mesmo conteúdo esportivo, podem ser observados os preconceitos em relação aos diferentes tipos de dança, como a dança de salão, a dança folclórica e a dança de rua. Tais manifestações, acreditamos, são decorrentes da não compreensão das diversificadas formas de expressão cultural. Entender as raízes destas, assim como propiciar variadas experiências corporais, pode permitir o entendimento das diferenças e das singularidades de diversos grupos de uma sociedade.

4.4 Qualidade de vida

A atividade "Um passeio pela sociedade" tem como objetivo a criação de coreografias baseadas em temas sociais contemporâneos de interesse dos alunos, e, como pudemos observar, a qualidade de vida e sua relação com hábitos de saúde estiveram presentes na escolha dos temas pelos alunos do ensino médio. Desse modo, pela expressão corporal das situações relativas a esses hábitos, como também daquelas a que são, muitas vezes, subjugados os jovens e seus familiares – condições de trabalho, moradia etc. – permite-se a discussão e a compreensão da importância do assunto.

Claro está que o tema qualidade de vida deve ser preocupação de todas as áreas de conhecimento presentes no ensino médio. A educação física, por sua vez, deverá se preocupar com isso por meio do conhecimento e da vivência do esporte, nas modalidades esportivas tradicionais, nas mais atuais como os esportes radicais, nas danças, nas lutas e nos momentos ginásticos. Ter qualidade de vida é cultuar e cultivar a corporeidade, o que pode ser feito pelas mais variadas sugestões apresentadas nos programas.

Apenas como exemplo, com base nas atividades sugeridas, quando mencionamos a avaliação antropométrica, na qual o IMC é ressaltado, podemos focar a preocupação com uma alimentação adequada que evite, por um lado, a desnutrição, e, por outro, o excesso de calorias que pode levar à obesidade, oferecendo como complemento exercícios programados e controlados para a aquisição e a manutenção da corporeidade com qualidade de vida.

4.5 Cultura

O tema cultura, como proposto em nosso trabalho, supõe a compreensão do processo histórico por que passou cada modalidade esportiva. Ao mesmo tempo, permite ao aluno compreender tal processo e identificam-se, nas mudanças ocorridas, as interferências relativas aos valores presentes nos diversos momentos históricos e culturais peculiares em que o esporte foi divulgado. Mais adiante no tempo, identifica-se também a influência da sociedade, em especial pela dependência da divulgação televisiva, nas modificações das regras do esporte.

Já na modalidade *skate*, a atividade relativa ao *skate stop* permite a apropriação dos elementos que compõem esse equipamento, assim como a linguagem com que se referem a estes e que, dada a globalização do conhecimento, são nomeados com termos em inglês, sofrendo a influência de várias culturas.

O conteúdo dança é diversificado na apresentação das diferentes modalidades, advindas de vários aglomerados culturais, o que pode ser observado nas danças de salão, nas danças de rua, nas danças folclóricas, estando a elas associadas diferentes formas de manifestação cultural. Esses conhecimentos precisam ser compreendidos pelos alunos, pois, caso contrário, corre-se o risco de que eles vivenciem os gestos repetidos e de pouco significado, descartando o contexto em que apareceram e seu significado para determinado povo ou grupo.

4.6 Anabolizantes

Na atividade "Reagindo ao som", a necessidade da velocidade de reação determina a utilização de duas capacidades condicionantes: a força e a velocidade. Essas capacidades podem ser desenvolvidas pelo treinamento adequado. No entanto, podemos apreciar no atletismo de alta competição, bem como em outras modalidades esportivas, muitos casos de velocistas que se utilizam de anabolizantes para melhorar seu desempenho, sendo flagrados nos exames *antidoping*. Tal situação permite a discussão do uso dessas substâncias para atingir um desempenho melhor, esclarecendo aos alunos o perigo que representam seus efeitos no organismo, especialmente por que seu uso tem sido ampliado para o campo da estética, sendo ministradas, inadequadamente, em outros espaços de nossa atuação profissional.

Por sinal, é importante lembrar aos alunos que 2009 foi o ano em que houve o maior número de constatações de *doping* no esporte brasileiro, fato preocupante considerando que nosso país será a sede do Campeonato Mundial de Futebol de 2014 e dos Jogos Olímpicos de 2016. É possível alta *performance* sem a utilização de *doping*? Vale a pena, quer para o atleta, quer para um país representativo, uma medalha ganha fora das regras oficiais? Quais efeitos colaterais o *doping* acarreta para o corpo do atleta? São temas interessantes e de grande atualidade.

4.7 Postura

A prática de esportes requer cuidados corporais que são associados diretamente à postura. Deve-se ter a atenção, na educação física escolar, de não ministrar uma carga de trabalho excessiva para uma estrutura corporal frágil ou mesmo um número exagerado de repetições que possa levar a lesões.

Quando se trabalha com a manifestação esportiva das lutas, por exemplo, impõe-se a necessidade da manutenção do equilíbrio corporal e do ajuste postural, de modo que nosso adversário não consiga a realização de golpes que nos levem à queda. Por isso, a postura adequada ao cair é imprescindível para que evitemos nos machucar.

Há também, nessa fase de escolarização, por parte de alunos e alunas, a preocupação com a estética corporal, que normalmente é associada a padrões de beleza perfeitos de astros e estrelas dos meios de comunicação. Nesse caso, o professor deve trabalhar informações de quais exercícios ou tipos de atividades são importantes para regular a massa corporal, sempre deixando claro que o cuidado é com o próprio corpo e não com um corpo ideal padronizado pelas telinhas.

4.8 Capacidades físicas e habilidades motoras

A educação física escolar no ensino médio, ao eleger a preocupação com a corporeidade e o esporte, busca apresentar o conhecimento e a vivência de um conteúdo que, entre outros pontos, passa por assumir o trabalho com as capacidades físicas e com as habilidades motoras dos alunos.

À medida que os adolescentes aprendem e compreendem as noções básicas dos esportes, são evidenciadas com mais ímpeto as capacidades físicas condicionantes e coordenativas, bem como as habilidades motoras dos alunos.

A prática esportiva, em qualquer uma de suas manifestações, como condicionamento físico, modalidades esportivas, ginástica, lutas e danças, exige a associação de capacidades e habilidades. Andar, correr, saltar, bem como lançar ou passar a bola de basquete ou de futebol para um companheiro a distância exige, por exemplo, força e velocidade. Marcar um adversário que se desloca em campo ou na quadra durante bom tempo e a longas distâncias exige uma resistência anaeróbia. Conseguir se desvencilhar da marcação do oponente exige explosão e coordenação refinada.

Isso denota claramente como as capacidades físicas e as habilidades motoras estão intimamente ligadas às técnicas de cada modalidade esportiva, quer na aprendizagem e vivência de seus fundamentos, quer na prática de uma manifestação esportiva mais desenvolvida.

Assim, o professor de educação física pode auxiliar e orientar o aluno do nível médio de escolarização, do ponto de vista pedagógico, para a realização dos mais variados tipos de fundamentos presentes nas modalidades esportivas, atrelados às nossas capacidades físicas e habilidades motoras, visando tanto à manutenção da saúde, para uns, como à melhoria do rendimento desportivo, para outros.

A preocupação com esse item também pode ser associada com os argumentos apresentados por ocasião da descrição das atividades de condicionamento físico, já que aí também se trabalham as capacidades físicas.

4.9 Cuidados no treinamento

Esse tema aparece nas atividades de pelo menos dois conteúdos: futsal e atletismo. No primeiro surge nas proposições de atividades relativas ao processo de vivência dos sistemas defensivos. Nesse aspecto, pode ser tratado com base na visualização de diferentes esquemas táticos de defesa, estratégias e manobras no jogo contra o adversário.

Como os esquemas táticos do futsal exigem a compreensão de jogadas relativas às situações de treinamento de alta especialização, optou-se pela forma de ensino simulada, com a interrupção das jogadas a cada nova situação, seguida da explicação do professor e da repetição dos movimentos pelos alunos. Nesse contexto, o tema, por um lado, se refere aos cuidados relativos à compreensão e ao domínio cognitivo das jogadas e, por outro, ao cuidado com o corpo, o do próprio jogador e o de seu adversário, nas situações de confronto para o desarme.

Já no atletismo o tema aparece nas atividades relativas aos arremessos e aos lançamentos. Nessas atividades, pela necessidade do emprego de força rápida, o cuidado com o gesto esportivo adequado protege o aluno de lesões nas articulações do braço que arremessa. Assim, nessa proposição, o cuidado com o treinamento vem associado ao desenvolvimento do movimento adequado ao se realizar o arremesso.

Podemos também associar o tema cuidados no treinamento com todas as indicações constantes do item condicionamento físico, pois, em nenhum momento, as sugestões abandonam a cientificidade e o cuidado na execução.

4.10 Competição

Quanto à temática da competição, ela é evidenciada nas propostas de jogos e exercícios entre duas ou mais equipes, ou nos momentos individuais em que um aluno compete com o outro, caracterizando, assim, as ações competitivas, extremamente positivas quando bem aplicadas.

A competição, por gerar uma disputa em diferentes formações, objetivando fazer o maior número de pontos e, concomitantemente, se defender, pode ser associada à cooperação, pois equipe ou grupo que não promove ação de cooperar certamente não conseguirá competir com qualidade.

Ao demonstrar a importância dos sistemas de ataque e defesa na organização de um jogo, um técnico normalmente só reforça as possibilidades de se competir com eficiência. Já o professor de educação física, sem esconder a verdade de que competir bem leva à vitória, deve mostrar os limites de se competir para vencer, bem como a necessidade da cooperação para o sucesso da equipe.

4.11 Cooperação

A cooperação, então, não é antagônica à competição. Esse tema é muito visível nas atividades que exigem a constante participação de todos os alunos e, de modo geral, que proporcionam motivação intensa de todo o grupo para o desenvolvimento do jogo. A cooperação está fortemente presente nos esportes com bola, principalmente porque necessita que cada um cumpra o seu papel no grupo para o sucesso da equipe.

Por um lado, quando se trata de sistemas de defesa, principalmente o organizado por zonas, entende-se a grande preocupação de cada aluno/atleta em ocupar da melhor forma o seu respectivo espaço na/da quadra, notando-se imediatamente o senso de cooperação em equipe. Por outro lado, quando se fala em sistemas de defesa individuais, logo se percebe o senso de cooperação que cada um deve ter a fim de ajudar o companheiro quando este é fintado/passado pelo adversário. Esse ato de solidariedade uns com os outros nos remete ao sentido e ao espírito de jogo em equipe.

Mas podemos também propiciar situações de jogo em que nenhum participante sai da competição, como no caso da "Rede humana", uma das atividades presentes nas propostas do voleibol. Nela, a cooperação aparece quando da preocupação com o colega que deve trocar sua posição na quadra ou mesmo sair dela após realizada a jogada.

Mais uma vez é importante lembrar que cooperar e participar não são ações opostas a competir, mas, se bem enquadradas nas práticas das atividades esportivas, propiciam à corporeidade participar do jogo e do esporte, qualquer que seja a sua manifestação.

CONSIDERAÇÕES FINAIS

Queremos retomar aqui os argumentos de nossa Introdução não só porque marcam os valores que geriram e estiveram presentes no projeto deste livro, mas também porque explicitam a nossa maneira de ver a função da educação física e o esporte como disciplina curricular no ensino médio e como área de produção de conhecimento científico na universidade.

Durante o trilhar dos dois projetos de pesquisa que deram formato a esta obra, procuramos relacionar a educação física e o esporte com outras áreas de conhecimento já consagradas – como a economia, a filosofia, a biologia, a sociologia e outras –, por meio dos temas geradores, na tentativa de um diálogo.

Além disso, atrelamos a educação física e o esporte aos conceitos de corporeidade e esporte por considerarmos a dependência de ambos em nossa área de produção de conhecimento e a semelhança dos dois temas com base no pressuposto da complexidade. Fizemos essa ligação também porque advogamos um corpo sujeito que aprende e pratica um esporte em busca da superação, da autonomia, da vivência cidadã, esporte no qual itens como competição e técnica, por exemplo, possam ser vistos com nova roupagem. A ênfase não esteve na questão conceitual dos termos em discussão, mas em como a área de educação física e esporte pode propiciar um trabalho da disciplina educação física no interior da escola no ensino médio.

Assim, voltamos à Introdução: "A proposição está feita e, como sempre, sua aplicação deve levar em consideração uma frase pequena, mas muito significativa para a ação dos professores de educação física no ensino médio, de Merleau-Ponty: 'A máquina funciona; o corpo vive'. Que sempre respeitemos a corporeidade dos alunos nas aulas de educação física como aquela que busca a transcendência ou a superação mediada pelo sentido humano do existir".

REFERÊNCIAS BIBLIOGRÁFICAS

ABRAMOVAY, M. e CASTRO, M.G. (2003). *Ensino médio: Múltiplas vozes*. Brasília: Unesco, Ministério da Educação.

ARAÚJO, E.D. e PETROSKI, E.L. (2002). "Estado nutricional de escolares de diferentes cidades brasileiras". *Revista da Educação Física/UEM*. Maringá, n. 2, vol. 13, pp. 47-53.

ARROYO, M.G. (2007). "Conhecimento, ética, educação, pesquisa". *Revista E-Curriculum*. São Paulo, n. 2, vol. 2, jun. Disponível em: http://www.pucsp.br/ecurriculum/artigos_v_2_n_2_jun_2007/1Arroyo_trabalhocompleto2007.pdf. Acesso em: 18/5/09.

ASSIS, S.G. *et al.* (2004). "Violência e representação social na adolescência no Brasil". *Revista Panamericana de Salud Publica*. Washington, n. 1, vol. 16, jul. Disponível em: http://www.scielosp.org/scielo.php?script=sci_arttext&pid=S1020-49892004000700006&lng=pt&nrm=iso. Acesso em: 18/5/09.

BASSO, I.S. (1998). "Significado e sentido do trabalho docente". *Cadernos Cedes*. Campinas, n. 44, vol. 19, abr., pp. 19-32.

BENTO, J.O. (2004). *Desporto: Discurso e substância*. Porto: Campo das Letras.

_____ (2006). "Corpo e desporto: Reflexões em torno desta relação". *In:* MOREIRA, W.W. (org.). *Século XXI: A era do corpo ativo*. Campinas: Papirus.

BETTI, M. (1993). "Cultura corporal e cultura esportiva". *Revista Paulista de Educação Física*. São Paulo, n. 2, vol. 7, jul./dez., pp. 44-51.

BETTI, M. e ZULIANI, L.R. (2002). "Educação física escolar: Uma proposta de diretrizes pedagógicas". *Revista Mackenzie de Educação Física e Esporte*, ano 1, n. 1, pp. 73-81.

BROTTO, F.O. (1997). *Jogos cooperativos: Se o importante é competir, o fundamental é cooperar*. Santos: Re-novada.

CARVALHO, D.B.B. *et al.* (2007). "Mapeamento das instituições governamentais e não-governamentais de atenção às questões relacionadas ao consumo de álcool e outras drogas no Brasil (2006/2007). Relatório. Brasília: Secretaria Nacional Antidrogas.

CARVALHO, T. *et al.* (1996). "Posição oficial da Sociedade Brasileira de Medicina do Esporte: Atividade física e saúde". *Rev. Bras. Med. Esporte*, n. 4, vol. 2, pp. 79-81.

CARVALHO, C.M.A. e ORSANO, F.E. (2007). "Perfil dos consumidores de suplementos alimentares praticantes de musculação em academias de Teresina". *Anais do 2º Encontro de Educação Física e Áreas Afins*. Teresina. Disponível em: http://www.ufpi.br/def/arquivos/file/PERFIL%20DOS%20CONSUMIDORES%20DE%20SUPLEMENTOS%20ALIMENTARES%20PRATICANTES%20DE %20MUSCULAO%20EM%20ACADEMIAS%20DE%20TERESINA.pdf. Acesso em: 18/3/09.

CESAR, M.C.; BORIN, J.P. e PELLEGRINOTTI, I.L. (2008). "Educação física e treinamento esportivo". *In:* De MARCO, A. *Educação física: Cultura e sociedade*. 2ª ed. Campinas: Papirus.

CONTRERAS, J.D. (1994). "¿Cómo se hace?". *Cuadernos de Pedagogía*. Barcelona, n. 224, pp. 14-19.

DARIDO, S.C. (2001). "Educação física na escola e a formação do cidadão". Tese de livre docência. Departamento de Educação Física do Instituto de Biociências da Universidade Estadual Paulista – *Campus* de Rio Claro.

DARIDO, S.C. *et al.* (1999). "Educação física no ensino médio: Reflexões e ações". *Revista Motriz*. Rio Claro, n. 2, vol. 5, dez., pp. 138-144.

DETSCH, C. *et al.* (2007). "Prevalências de alterações posturais em escolares do ensino médio em uma cidade no Sul do Brasil". *Revista Panamericana de Salud Publica*. Washington, n. 4, vol. 21. Disponível em: http://www.scielosp.org/pdf/rpsp/v21n4/06.pdf. Acesso em: 18/3/09.

FREIRE, J.B. e SCAGLIA, A.J. (2003). *Educação como prática corporal*. São Paulo: Scipione. (Pensamento e Ação no Magistério)

FREIRE, P. (1987). *Pedagogia do oprimido*. 17ª ed. São Paulo: Paz e Terra.

_____ (1996). *Pedagogia da autonomia*. São Paulo: Paz e Terra.

GALLO, S. (2006). "Corpo ativo e a filosofia". *In:* MOREIRA, W.W. (org.). *Século XXI: A era do corpo ativo*. Campinas: Papirus.

GAYA, A. e SILVA, G. (orgs.) (2007). *Projeto esporte Brasil: Manual de aplicação de medidas e testes. Normas e critérios de avaliação*. Porto Alegre: Ed. da UFRGS.

GONÇALVES, H. *et al.* (2007). "Fatores socioculturais e nível de atividade física no início da adolescência". *Revista Panamericana de Salud Publica*, n. 4, vol. 22, pp. 246-253.

GONÇALVES, M.A. (1999). *Sentir, pensar e agir*. Campinas: Papirus.

HENRIQUES, R. (2002). "Raça e gênero no sistema de ensino". Brasília: Unesco. Disponível em: http://unesdoc.unesco.org/images/0012/001297/129720POR.pdf. Acesso em: 18/3/09.

INFORSATO, E. do C. (2006). "A educação entre o controle e a libertação do corpo". *In:* MOREIRA, W.W. (org.). *Século XXI: A era do corpo ativo*. Campinas: Papirus.

KOLYNIAK FILHO, C. (2007). "Qualidade de vida e motricidade". *In:* MOREIRA, W.W. (org.). *Qualidade de vida: Complexidade e educação*. Campinas: Papirus.

KRAWCZYK, N. (2003). "A escola média: Um espaço sem consenso". *Cadernos de Pesquisa*. São Paulo, n. 120, nov., pp. 169-202.

LIMA JUNIOR, J. (2007). "Qualidade de vida e beleza estética". *In:* MOREIRA, W.W. (org.). *Qualidade de vida: Complexidade e educação*. Campinas: Papirus.

MARINHO, A. (2004). "Atividades na natureza, lazer e educação ambiental: Refletindo sobre algumas possibilidades". *Motrivivência*. Florianópolis, n. 22, vol. 16, jun., pp. 47-69.

MARINHO, A. e INÁCIO, H.L.D. (2007). "Educação física, meio ambiente e aventura". *Revista Brasileira de Ciência do Esporte*. Campinas, n. 3, vol. 28, maio, pp. 55-70.

MATSUDO, V.K.R. (1984). *Testes em ciências do esporte*. São Caetano do Sul: Gráficos Burti.

MERLEAU-PONTY, M. (1994). *Fenomenologia da percepção*. São Paulo: Martins Fontes.

MITRULIS, E. (2002). "Ensaios de inovação do ensino médio". *Cadernos de Pesquisa*. São Paulo, n. 116, jul., pp. 217-243.

MOREIRA, W.W. *et al.* (2006). "Corporeidade aprendente: A complexidade do aprender viver". *In*: MOREIRA, W.W. (org.). *Século XXI: A era do corpo ativo*. Campinas: Papirus.

MORENO, J.C.A. *et al.* (2007). "Os esportes coletivos e individuais como meios de desenvolvimento das inteligências múltiplas: Um estudo com escolares". *Revista Fafibe On-line*, n. 3, ago., pp. 1-8.

MORIN, E. (1986). *Para sair do século XX*. Rio de Janeiro: Nova Fronteira.

_____ (2000). *Os sete saberes necessários à educação do futuro*. São Paulo: Cortez; Brasília: Unesco.

NAHAS, M.V. (2001). *Atividade física, saúde e qualidade de vida: Conceitos e sugestões para um estilo de vida ativo*. Londrina: Midiograf.

PAES, R.R. (2006). "Pedagogia do esporte: Contextos, evolução e perspectivas". *Revista Brasileira de Educação Física e Esporte*. São Paulo, n. 5, vol. 20, set., pp. 171-179.

PAIM, M.C.C. e PEREIRA, E.F. (2004). "Fatores motivacionais dos adolescentes para a prática de capoeira na escola". *Motriz*. Rio Claro, n. 3, vol. 10, set./dez., pp. 159-166.

PEREIRA, F.M. e SILVA, A.C. (2004). "Sobre os conteúdos da educação física no ensino médio em diferentes redes educacionais do Rio Grande do Sul". *Revista da Educação Física/UEM*. Maringá, n. 2, vol. 15, pp. 67-77.

PRATTA, E.M. e SANTOS, M.A. (2006). "Levantamento dos motivos e dos responsáveis pelo primeiro contato de adolescentes do ensino médio com substâncias psicoativas". *SMAD – Revista Eletrônica de Saúde Mental, Álcool e Drogas*. Ribeirão Preto, n. 2, vol. 2, ago. Disponível em: http://pepsic.bvs-psi.org.br/scielo.php?script=sci_arttext &pid=S1806-69762006000200005&lng=pt&nrm= iso. Acesso em: 18/3/09.

ROSÁRIO, L.F.R e DARIDO, S.C. (2005). "A sistematização dos conteúdos da educação física na escola: A perspectiva dos professores experientes". *Motriz*. Rio Claro, n. 3, vol. 11, pp. 167-178.

RUSSO, R. (2005). "Imagem corporal: Construção através da cultura do belo". *Movimento & Percepção*. Espírito Santo do Pinhal, n. 6, vol. 5, jan./jun., pp. 80-90.

SOLDERA, M. *et al*. (2004). "Uso pesado de álcool por estudantes dos ensinos fundamental e médio de escolas centrais e periféricas de Campinas (SP): Prevalência e fatores associados". *Revista Brasileira de Psiquiatria*. São Paulo, n. 3, vol. 26, set., pp. 174-179.

TESSEROLI, M. (2008). "Consumo excessivo de suplementos". *Revista Metrópole*. Campinas, jan. Disponível em: http//:unicamp.br/unicamp/canal_aberto/clipping/maio2005/clipping050503_correiopop.html. Acesso em: 14/10/08.

ZAMONER, M. (2007). "Especialização em dança de salão. Faculdade Metropolitana de Curitiba – Famec: Análises das apresentações de monografias da primeira turma". *Rev. Movimento & Percepção*. Espírito Santo do Pinhal, n. 11,vol. 8, jul./dez., pp. 45-51.